ESSAI SUR L'ÉDUCATION DES FEMMES,

PAR

Mme. LA COMTESSE DE RÉMUSAT.

Vous n'avez point reçu l'esprit de servitude pour vous conduire encore par la crainte.

Saint-Paul, *Ép. aux Rom.* VIII, 15.

A PARIS,
CHEZ LADVOCAT, LIBRAIRE
DE S. A. S. MONSEIGNEUR LE DUC DE CHARTRES,
AU PALAIS-ROYAL.

M. DCCC. XXIV.

Madame Rigal

ESSAI
SUR L'ÉDUCATION
DES FEMMES

On trouve chez le même libraire :

DE L'ÉDUCATION, par Mme. CAMPAN, surintendante de la maison d'Écouen ; suivi des Conseils aux jeunes filles, d'un Théâtre pour les jeunes personnes et de quelques Essais de morale. Ouvrage mis en ordre et publiés avec une introduction, par M. F. Barrière. Édition nouvelle, augmentée de lettres et de morceaux inédits. 3 vol. in-12.

PARIS. — IMPRIMERIE DE FAIN, RUE RACINE, N°. 4, PLACE DE L'ODÉON.

PRÉFACE DE L'ÉDITEUR.

Les femmes se plaignent du temps présent; elles croient avoir beaucoup perdu aux changemens qui se sont opérés dans les relations, les habitudes, les opinions de la société. Si cette idée est fausse, elles ont besoin d'en être instruites; si elle est vraie, elles ont besoin d'être consolées.

Ma mère avait remarqué de bonne heure leur découragement. Peut-être l'avait-elle partagé quelquefois; peut-être s'était-elle associée à des regrets qui, lors même qu'ils seraient sans raison, ne seraient pas sans excuse. Soit désir de la vérité, soit calcul de bonheur, elle voulut approfondir ces regrets, et avérer si la condition actuelle des femmes, si celle qui les attend leur était aussi défavorable qu'elles semblaient le penser : elle voulut savoir qui des femmes ou de leur siècle avait tort, et cette recherche la conduisit à l'ouvrage dont aujourd'hui je publie tout ce qu'elle a laissé.

La situation de la société est singulière : la civilisation nous comble de ses bienfaits ; les mœurs, en s'épurant, n'ont point cessé de s'adoucir ; tous les liens et tous les sentimens naturels sont libres et respectés ; aucun préjugé tout-puissant n'opprime ou ne corrompt les esprits. Jamais, enfin, il ne fut plus aisé de vivre dans l'ordre ; et si les vertus sont devenues plus faciles, ce que l'on y peut perdre en mérite, se retrouve du moins en bonheur. Et cependant on ne dit pas qu'on soit heureux ; on éprouve je ne sais quel besoin de se plaindre ou du présent ou du passé. Soit que nous demandions à la vie ce qu'elle ne peut nous donner, soit plutôt que notre raison n'apprécie pas un bonheur qui lui paraît accidentel parce qu'il n'est pas assuré, nous n'avons point de contentement intime et véritable; tout, autour de nous, semble incomplet, passager, contradictoire; la société enfin n'a point de confiance en elle-même.

Il lui manque des croyances conformes à sa situation, des croyances qui la consacrent en la réglant. Dans le monde surtout, on est en garde contre les opinions nouvelles, et l'on essaie de se rattacher aux anciennes que cependant on ne pratique plus. On vit comme le présent et l'on pense comme le passé. On pourrait dire qu'en général la société n'a pas l'esprit de son âge.

Les femmes, plus encore que les hommes, ont peine à se familiariser avec la nouveauté de leurs destinées; elles s'étonnent, elles s'alarment de l'état de la société, telle que l'ont successivement modifiée les idées, les événemens, les institutions. Cependant on ne voit pas que cet état leur soit ennemi. Ses principaux caractères sont la douceur et l'égalité; le sexe le plus faible devrait-il s'en plaindre?

Serait-ce la peinture ou le souvenir des plaisirs et des succès que l'autre siècle permettait aux femmes, qui inspirerait les regrets de quelques-unes? Mais celles qui l'ont vu ne regrettent au fait que leur jeunesse, rien ne la leur peut rendre; et pour celles qui déplorent sur parole la disparution du passé, ou les récits et leur imagination leur en imposent, ou ce sont leurs défauts qui se plaignent, et l'on ne doit pas les écouter.

Mais il faut écouter celles qui, plus éclairées dans leurs regrets, séparent de l'ordre passé les fautes et les abus qui l'ont altéré. Ce qu'elles envient, c'est un ensemble de mœurs et d'opinions qui plaît à leur raison autant qu'à leur faiblesse; c'est cette ordonnance, cette subordination dans les relations des classes, des sexes, des individus, c'est ce consentement général à des opinions consacrées par le temps.

Ce sont là, pour elles, les seules garanties possibles du bonheur de la vie privée comme de l'ordre public. Ce sont là des circonstances qu'à leurs yeux rien ne peut remplacer, surtout pour les femmes dont l'esprit, à la fois incertain et crédule, a besoin d'être soutenu et fixé, trop heureuses quand les traditions et les convenances dispensent leur timide raison de la responsabilité pesante qui s'attache au choix libre d'une opinion, comme aux déterminations libres de la volonté!

L'amour de l'ordre est quelque chose de si moral que, même quand il s'égare, il faut le respecter encore; et l'on devrait renoncer à réhabiliter notre siècle auprès des femmes, s'il était en effet déshérité de tous les biens dont leur imagination enrichit les siècles passés. Mais elles se font injustice, quand elles doutent ainsi de leurs forces et de leur avenir, et leur sexe comme leur temps vaut plus que ne le sait leur modestie. Ce temps, qui leur apparaît comme une époque de relâchement et de désordre, comporte et réclame une morale plus élevée, plus délicate, plus sévère qu'on ne croit ; et s'il est vrai, comme je le pense, que le progrès en ce genre se fasse déjà sentir, les femmes peut-être devraient les premières en rendre témoignage, car les premières elles en ont donné l'exemple.

Quel est ce progrès ? où en sont les preuves ? comment s'est-il annoncé ? comment peut-il achever de s'accomplir ? Sur toutes ces questions, l'ouvrage que l'on va lire jettera quelques lumières. Partout on y retrouvera cette idée que l'espèce humaine et en particulier les femmes méritent aujourd'hui qu'on exige plus d'elles qu'à aucune autre époque, et cette exigeance est déjà un hommage pour le temps où nous vivons.

Un bon système d'éducation serait destiné à la satisfaire entièrement.

Ainsi ce n'est pas pour avoir jugé sévèrement de son sexe et de son temps ; c'est, au contraire, pour en avoir bien auguré, que ma mère reconnut la nécessité de perfectionner l'éducation des femmes : elle crut voir que ce qui peut manquer encore à leur mérite, à leur bonheur, à leur dignité, tenait précisément à des usages et à des préjugés qui ne sont plus en harmonie avec les destinées nouvelles de la société ; et elle entreprit d'épargner à la jeunesse l'héritage onéreux de ces usages et de ces préjugés. D'ailleurs, l'éducation ne profite pas seulement à l'avenir : elle réalise sur-le-champ une partie des biens qu'elle promet, les parens s'éclairent et s'améliorent parfois des leçons qu'ils donnent à leurs enfans.

Dès que ma mère eut été saisie de cette idée d'un perfectionnement dans l'éducation, elle se livra de toute l'ardeur de son esprit à l'étude d'une question si fine et si vaste. Elle rappela tous ses souvenirs, elle interrogea son expérience, elle recherchа tous les conseils; ses méditations, ses lectures, ses conversations même, se dirigèrent sur ce sujet; elle se pénétrait chaque jour davantage de ses principes, elle y rapportait jusqu'aux observations de sa vie journalière. A mesure que le travail avançait, l'utilité et l'importance semblaient s'en agrandir à ses yeux, et, pour lui emprunter une idée et une expression qui reviennent plusieurs fois dans son ouvrage, elle avait fini par le considérer comme *un des devoirs de sa mission*.

Elle n'a pu remplir qu'environ la moitié du plan qu'elle s'était tracé. Cependant comme on trouve dans cette première partie, avec les considérations générales qui motivent un changement dans l'éducation des femmes, l'exposition des principes qui doivent la diriger; ce qu'on va lire suffira pour convaincre ou dissuader les esprits attentifs, et de la nécessité du changement et de la solidité des principes. C'est à des vues d'application, à des conseils pratiques, que le reste eût probablement été consacré. D'ailleurs, cette première partie n'est point une simple esquisse ; elle a été long-temps méditée et plusieurs fois revue et récrite avec soin par l'auteur. J'ai lieu de penser qu'elle est aux détails près ce qu'elle fût restée si l'ouvrage avait été fini. Tout m'autorisait donc à la publier; j'ai cru servir ce que j'ai de plus cher, la mémoire de ma mère et la vérité.

Je parle de la vérité, et je n'ignore pas que quelques-unes des pensées qui ont inspiré cet écrit, ne paraîtront pas à tous aussi vraies qu'elles sont sincères. C'est le sort de tout ce qui est un peu nouveau, que d'être contesté ; les opinions établies ne se rendent pas sans défense. A Dieu ne plaise que je m'en étonne ou m'en indigne jamais!

Plusieurs de ceux même à qui ce livre plaira, craindront quelque séduction. Le monde est aujourd'hui singulièrement timide. L'incrédulité a changé d'objet; elle se porte sur les choses nouvelles; on se garde plus de la raison que des préjugés. Ainsi l'on croit expier la faute d'avoir en d'autres temps donné trop de crédit à la pensée.

Une chose cependant devra rassurer un lecteur craintif et scrupuleux : on ne trouve point ici ce ton hautain, cette amertume offensante qui discréditerait la vérité même, et dont la philosophie s'est trop souvent armée. Au contraire, on y rencontre, mêlés aux principes et aux vues d'un esprit libre, ces idées intermédiaires, ces sentimens conciliateurs qui facilitent les rapprochemens d'opinions. Si le monde y est quelquefois blâmé, c'est plutôt avec le ton dont on se plaint, qu'avec le ton dont on accuse. Point de dénigrement, point de raillerie, point de ces bravades d'un esprit que préoccupe le préjugé du paradoxe. C'est par la force de la conviction, c'est comme à regret que ma mère semble renoncer à quelques-unes des idées qui ont entouré et guidé sa jeunesse ; et partout on sent combien en attaquant des conventions, simples règlemens de la société, elle est heureuse et rassurée de pouvoir au moins s'appuyer toujours sur ses deux lois inaltérables, la morale et la religion.

Sans doute l'ouvrage est écrit avec indépendance ; mais si jamais l'état de la société n'a permis autant qu'aujourd'hui d'embrasser dans son ensemble et de suivre dans ses conséquences le système d'éducation qu'on y présente, toutefois les idées fondamentales sur lesquelles il repose comptent dans le passé de grandes autorités. Le caractère général de cette éducation est, en effet, de substituer le naturel à l'usage, les principes qui gouvernent la liberté morale aux convenances qui l'annulent; c'est de faire enfin, dans l'éducation comme dans le reste de la vie, la part de la raison plus grande, et moindre celle de l'autorité. Or cette doctrine n'est-elle point toute renfermée dans ces simples mots d'un traité *sur l'Éducation des Filles*, publié il y aura bientôt deux siècles : « Il faut les » mener par la raison autant qu'on » peut (1)? » Le but de cet Essai, est de montrer qu'*on le peut* souvent, qu'*on le peut* beaucoup, et qu'on le doit toutes les fois qu'*on le peut* : l'empire de la raison en effet ne reconnaît d'autre limite que la nécessité.

C'est un grand et rassurant témoignage que celui de Fénélon. Si l'on veut bien lire son petit et excellent écrit, on y trouvera développés sans ménagement et appropriés à son siècle tous les reproches que peuvent encourir encore la frivolité, l'ignorance, l'affectation ;

(1) Fénélon, *De l'Éducation des filles*, ch. III.

on le verra peindre d'une manière piquante l'insuffisance de l'éducation servile et superficielle que l'on donnait à ses jeunes contemporaines. Bien plus on verra cet esprit novateur, amoureux du beau et du simple dans les plus petites choses, poursuivre le faux goût, la recherche, le factice jusque dans la toilette de son temps, et citer pour modèles de parure, *les draperies pleines et flottantes à longs plis et les cheveux négligemment noués* des statues antiques. Certes, la proposition était hardie, et je ne sais quelle nouveauté a dû paraître plus chimérique et plus téméraire de cette mode présentée aux dames de Versailles, ou de la politique du *Télémaque* offerte à la cour de Louis le Grand.

Mais la raison, dira-t-on peut-être, privilége réservé au petit nombre, ne saurait jamais devenir le droit commun de la société et surtout des femmes. Je ne sais, mais lorsque la chaîne des traditions et des coutumes conservatrices est brisée, quel autre frein que la raison peut-on redonner aux esprits? Dans l'impossibilité d'improviser des usages et des préjugés, quelle autre ressource que de répandre, de populariser la vérité même? Il est douteux, d'ailleurs, que les femmes ni personne gagnent beaucoup à ne la point connaître; on ne voit pas que dans aucun pays l'asservissement moral, la superstition, l'ignorance préserve en rien leur conduite et les rende plus dignes de la faveur du ciel et de l'amour d'un époux.

> Mais comment voulez-vous, après tout, qu'une bête
> Puisse jamais savoir ce que c'est qu'être honnête [1]?

Ces paroles d'un bon sens naïf et familier contiennent une grande vérité : et surtout en un temps d'examen comme le nôtre, pour *être honnête*, il faut *savoir ce que c'est*.

Quelques esprits s'étonneront qu'on prenne la peine de justifier des choses si simples; l'*Essai sur l'éducation des*

[1] *École des femmes*, acte I, scène I.

Femmes se recommandera précisément auprès d'eux par cette originalité dont on dirait que je cherche à l'excuser ; et ils ne concevront guère les précautions, les ménagemens dont ils trouveront enveloppées des idées qui leur plaisent surtout en raison de leur nouveauté. Ils ne sentiront pas d'abord tout ce qu'il a fallu de force et de franchise à un esprit formé dans le monde pour secouer ses entraves, et, reprenant ses justes droits, s'élever du convenu au naturel, du préjugé à la raison. Ma mère avait connu le monde, la cour, la retraite ; ce qui soumet presque tous les esprits, l'expérience, avait affranchi le sien. La vie en se prolongeant l'avait conduite à ces convictions pleines et pures qu'on abandonne ordinairement, comme de belles illusions, à l'enthousiasme d'une imprudente jeunesse. Plus elle a connu la société, plus elle est rentrée en elle-même ; il semblait qu'avec les années elle se dégageât chaque jour davantage du lien des intérêts et des idées vulgaires, comme pour se réduire à ce qu'il y a d'inaltérable et d'immortel dans la nature humaine ; la vie la quittait, la vérité s'emparait d'elle....

Nous ne savons pas assez combien il doit être difficile de soustraire sa raison à l'empire d'un monde qu'on aime et dont on est aimé. Ne jugez donc pas du mérite d'un tel effort par le peu qu'il vous coûterait, à vous que l'âge, le sexe, la vocation lient sans retour à la cause des idées nouvelles. Destinés que vous êtes à redire hautement ce que vous croyez la vérité en présence de tous les pouvoirs, prêts à vous jeter dans cette guerre, au poste le plus avancé, il vous est bien aisé de braver les opinions ennemies, de quelque autorité qu'elles soient revêtues ; et tels sont vos adversaires, que la confiance et la vivacité du langage vous sont permises peut-être, dans une cause qui doit plus espérer désormais de ses conquêtes que de leurs concessions.

Ici rien de semblable, ni le sujet, ni la position, ni les juges auxquels on s'adresse. Il s'agit d'une question qui, ne se rattachant que de très-loin aux grandes controverses de la politique et de la philosophie, peut être aisément maintenue dans le domaine de la morale, sur laquelle les esprits sont toujours bien plus enclins à s'entendre. Ce n'est point un jeune philosophe épris de ses doctrines et jaloux de leur triomphe; c'est une femme que la réflexion conduit irrésistiblement à adopter d'une manière plus franche quelques idées jusqu'ici incomplétement admises, et à proposer une réforme dont les moyens peuvent déplaire, mais dont le but ne peut être désavoué par personne. Elle ne s'adresse point à une autorité jalouse, hautaine, impitoyable; mais à des mères, toujours bienveillantes, toujours émues, quand on leur parle de leurs enfans ; mais au monde, pouvoir léger et mobile, qui pardonne aisément à la raison de le contredire pourvu qu'elle l'intéresse. Assurément ici le langage du regret et de la réserve dans l'attaque était le seul convenable ; il fallait écrire avec cette douceur, avec cette hésitation de bonne grâce qui rendent la conversation aimable et persuasive. On aime, d'ailleurs, à retrouver dans une femme une sorte d'embarras d'avoir raison contre tant de monde : la conviction n'en est point affaiblie ; elle y gagne un charme de plus.

Une dernière observation me reste. L'ouvrage a été commencé il y a au moins quatre ans, et l'on y fait allusion à l'état de la France et à l'avenir qui l'attend. Or cet état, qui semble avoir changé, semble maintenant annoncer un autre avenir. J'ai dû cependant respecter le ton de confiance avec lequel ma mère parlait des jours qu'elle aimait à prévoir ; il suffisait de rappeler la date de l'ouvrage. Peu importe, d'ailleurs, que les espérances qu'elle exprime puissent aujourd'hui paraître des illusions ; peu importe que deux ou trois années semblent démentir ce qu'après tout le siècle ne démentira pas.

Je termine à regret cette Préface, que peut-être on trouvera superflue. Mais j'aurais besoin de prévenir jusqu'aux moindres critiques, jusqu'aux dernières objections ; je voudrais les détourner sur moi-même ; et quelque assuré que je sois de la valeur de l'ouvrage, de l'utilité de la publication ; quelque certitude que j'aie de remplir une intention sacrée pour moi, je ne puis encore, sans une sorte d'effroi, laisser s'échapper de mes mains ce dépôt de sentimens et de pensées, objets de tant de respect ! Ainsi donc je livre à la diversité des jugemens, aux hasards de la publicité, un nom qui ne fut jusqu'ici prononcé que par la bienveillance, l'affection, le regret !

Je voudrais, s'il était possible, communiquer aux idées, aux paroles de ma mère, cette inviolabilité qui, pour moi, s'attache à tout ce qui vient d'elle.

Espérons mieux cependant, et du moins rassurons-nous par la triste pensée que la responsabilité n'atteint plus que moi. Rassurons-nous en songeant au sentiment pur, élevé, consciencieux, qui anime tout cet écrit. Puisse-t-il rester comme un monument de l'esprit le plus vrai et du cœur le plus généreux; puisse-t-il rappeler ma mère à ses amis, la faire entrevoir à ceux qui ne l'ont point connue; et moi je trouverai quelque douceur dans cet hommage que je rends à sa mémoire, puisque mon sort me condamne à ne plus faire que mon orgueil de ce qui si long-temps fit ma joie.

CH. DE RÉMUSAT.

ESSAI

SUR L'ÉDUCATION DES FEMMES.

CHAPITRE PREMIER.

Des femmes en général.

On s'est beaucoup occupé des femmes en France; des livres de tous genres y ont été composés en leur honneur, pour leur instruction ou pour leur amusement. Dans aucun pays elles n'ont paru aussi heureuses, dans aucun elles n'ont été aussi puissantes. Cependant, à considérer la manière dont on a parlé d'elles, l'éducation qu'on leur donne, la situation qu'on leur laisse ou qu'on leur impose dans la société, il semble qu'en France, non plus qu'ailleurs, justice ne leur a pas été rendue.

Parmi les philosophes qui ont écrit sur les femmes, il en est peu qui aient su se préserver à leur égard d'un dédain ou d'un enthousiasme également puérils. Tantôt nous regardant comme des créatures incapables d'une pensée sérieuse, et par conséquent d'une grave destination, ils nous ont placées au-dessous du rang qui nous est dû, et leur méprisante indifférence a prêté secours aux froides railleries de tous ceux qui ne jugent que par épigrammes. Tantôt, professant une admiration que soutenait l'éclat de quelques exemples, on les a vus relever nos qualités, nos penchans et jusqu'à nos faiblesses, au point d'en faire des vertus, et de proposer qu'on abandonnât à elle-même une nature dont ils exagéraient l'excellence : justifiant ainsi l'engouement romanesque des flatteurs de notre sexe. Rarement on nous a mises à notre véritable place; rarement on a songé à ne voir dans une femme qu'un être sensible, raisonnable et borné, la compagne de l'homme et l'ouvrage de Dieu.

Le temps des exagérations est passé; on veut aujourd'hui connaître ce qui est, et nul ne se paie de ce qui se dit. Il n'existe plus deux vérités, l'une pour le monde, la conversation et les livres, l'autre pour la conduite, la conscience et le *chez-soi*. C'est un grand pas de fait que ce consentement presqu'universel à voir les choses comme elles sont. L'étude impartiale de leur nature ouvre à l'esprit un champ non moins vaste que celui de l'imagination ; car il n'est point vrai, comme on le dit, que les hypothèses seules prouvent l'originalité, et que l'invention ne se signale que par des chimères. La réalité est la source inépuisable de la nouveauté, et pour sortir des routes communes, il faut les avoir parcourues.

Nous voyons tous les objets de la pensée successivement soumis à un nouvel examen. L'homme lui-même renonce à se supposer, il s'observe; une femme ne pourrait-elle imiter cet exemple? ne lui sera-t-il pas permis de s'étudier elle-même, d'interroger son expérience et sa nature pour connaître les caractères, les facultés, les droits de ses pareilles, pour établir enfin plus nettement qu'on ne l'a fait encore, ce que sont les femmes, et ce qu'il semble qu'elles pourraient devenir?

La femme est sur la terre la compagne de l'homme, mais cependant elle existe pour son propre compte; elle est inférieure, mais non subordonnée. Le souffle divin qui l'anime et qui, par son immortalité, l'appelle à la progression, la connaissance du mal, le sentiment du devoir, le besoin d'un avenir, tous ces dons accordés aux femmes aussi-bien qu'aux hommes, leur permettent de revendiquer une certaine égalité, et peuvent expliquer en partie cette sorte de supériorité relative tant prônée par quelques déclamateurs. Mais, pour toutes les choses de cette vie, l'homme a été doué d'une portion de force, et dévoué à une sorte d'activité refusées à sa compagne. Tout indique que, dans nos rapports avec ce monde, notre destinée nous place sans appel au second rang. Une construction physique plus délicate et plus fragile, un continuel besoin de secours matériel et de lien moral, nos qualités comme nos défauts, notre faiblesse comme notre force, tout indique que la solitude qui *n'est point bonne pour l'homme*, serait mortelle pour la femme. Cette dépendance est un signe certain d'infériorité.

Rousseau, qui dans cette question n'a évité aucun extrême, s'est cru autorisé, tout en développant avec passion les mérites des femmes, à les déshériter de toute part sérieuse dans l'action de la vie. L'éducation qu'il conseille pour elles, n'est qu'un art laborieux de les laisser étrangères aux choses dont une âme émanée du ciel doit éprouver le besoin; et cependant, comme il aimait mieux se livrer aux dangers des systèmes que de se refroidir par l'observation, il a fait entre elles et les hommes un partage des qualités de l'intelligence, peu compatible avec cette minorité absolue dans laquelle il recommande de nous tenir. Ainsi il donne aux hommes le génie ou la création; mais il dit que les femmes ont plus d'esprit. Il est cependant difficile d'admettre qu'elles aient des idées plus étendues, plus abondantes, plus nouvelles. Serait-ce donc leur adresse à cacher ce qui leur manque en ce genre, que Rousseau prend pour de l'esprit? Mais les facilités qu'elles ont rencontrées pour dissimuler leur indigence, n'ont été le plus souvent que les concessions d'une supériorité qui dédaigne de se mesurer avec la faiblesse.

Quand Rousseau veut arriver aux preuves des paradoxes dont son esprit s'empare, il éprouve toujours quelque embarras, et pour en sortir, faute de mieux, c'est-à-dire faute de vérité, il les prend dans un ordre de circonstances trop peu importantes. C'est ainsi qu'après avoir dit que notre natif besoin de plaire développe en nous une sagacité dont les hommes n'approchent jamais, il veut qu'on examine la conduite d'une femme au milieu d'une réunion nombreuse, ou quand elle fait, sans jamais rien oublier, les honneurs d'un festin : il la place encore et l'admire entre deux hommes auxquels elle a besoin de cacher son secret, qui les intéresse tous deux également. Mais que prouvent ces deux talens, si ce n'est d'abord que les femmes appliquent toujours la somme entière de leurs facultés à l'impression ou au sentiment de l'instant présent; et ensuite, qu'elles agissent avec un soin tout particulier dans les moindres relations de la vie sociale; parce qu'il est d'un premier intérêt pour elles que ces relations, leur grande affaire, soient agréables, commodes et durables? L'homme est maître, il peut négliger les détails; mais toutes les fois qu'il a rabaissé son existence au point de l'user à des puérilités oiseuses et mesquines, nous avons pu paraître posséder quelque avantage sur lui; et de là l'erreur des jugemens en notre faveur. Si l'homme veut vivre en femme, il faut bien qu'il nous cède la prééminence. Car enfin, c'est notre métier, et nous pourrions lui dire comme on disait à l'un de nos rois : » Dieu préserve votre majesté de savoir ces choses-là mieux que moi! » Mais, lors même qu'il essaierait ainsi d'abdiquer, il manquerait à sa mission, sans perdre sa nature ; toujours resterait-il vrai que, tandis qu'en général nous ne sommes capables d'une attention soutenue qu'alors que nous avons l'espoir d'un succès, un homme, pour son seul plaisir, aborde même avec péril une foule d'occupations surabondantes et difficiles ; toujours au moins faudrait-il lui reconnaître plus d'étendue dans les facultés, et l'étendue de l'esprit est la mesure de sa force.

« Les femmes ont d'ordinaire l'esprit en» core plus faible que les hommes, dit Féné» lon ; aussi n'est-il point à propos de les en» gager dans des études dont elles pourraient » s'entêter. Elles ne doivent ni gouverner » l'état ni faire la guerre, etc.... [1] » Et en effet, si l'on jette un coup d'œil sur le passé, on verra que c'est uniquement aux époques de raffinement et de mollesse, et lorsqu'en toute occasion on eût préféré la bonne grâce à la force, l'adresse qui évite les coups du sort à la fermeté qui les repousse, que les

[1] *De l'Éducation des filles*, ch. I.

femmes, usurpant un pouvoir offert par la paresse et la mode, ont confondu les rangs au point que la prééminence est devenue quelquefois chose difficile à retrouver. Mais la preuve qu'elles n'étaient point alors à leur rang naturel, c'est que, loin de produire un perfectionnement, on a vu leur influence énerver les caractères et compromettre la vertu.

Dans ce qui concerne les intérêts essentiels de la société, dès que nous prétendons donner le mouvement, tout dégénère. La suite et la profondeur nous manquent, quand nous voulons nous appliquer à des questions générales. Douées d'une intelligence vive, nous entendons sur-le-champ, devinons mieux, et voyons souvent aussi bien que les hommes. Mais trop facilement émues pour demeurer impartiales, trop mobiles pour nous appesantir, apercevoir nous va mieux qu'observer. L'attention prolongée nous fatigue; nous sommes enfin plus douces que patientes; la privation nous est plus supportable que l'attente d'une espérance retardée.

Les hommes ont reproché aux femmes d'ignorer en tout ce que c'est que la méthode; ils ont eu raison. Par exemple, on voit aujourd'hui grand nombre de femmes capables de prendre part aux discussions sérieuses qu'excite la situation politique des gouvernemens; elles savent y jeter quelquefois une réflexion juste et lumineuse, une vue fine et vraie; et pourtant, si l'on pouvait sans sourire se représenter l'une d'elles aux prises avec le positif de la plus petite administration, on la verrait toute déconcertée, toute empêchée par ces difficultés qui, dans une pratique prolongée, demandent une continuité d'attention au-dessus de la portée de presque toutes les femmes. L'inspiration leur révèle parfois des vérités dont l'application leur échappe, et s'il fallait à toute force qu'elles prissent part aux affaires publiques, elles vaudraient encore mieux pour le conseil que pour l'exécution. Mais revenons au vrai.

Rousseau fut abusé par l'aspect de Paris et les rapetissemens de l'époque où il a vécu. Ce n'est point sous le règne de Louis XV qu'il fallait juger les créatures et la vie humaines.

Ainsi de deux êtres semblables, mais non pareils, le plus faible aura dû être ordonné plutôt pour la conservation de son existence que pour une activité en quelque sorte superflue, et qui pourrait la compromettre. Mieux proportionné peut-être dans sa nature, il n'en sera pas moins demeuré inférieur à celui qui aura reçu le pouvoir d'entreprendre, de tenter, de surmonter à ses risques et seul les obstacles et les hasards.

Si l'on reconnaît que la destinée des femmes, pour la sûreté comme pour le bonheur de leur existence, les appelle à *être deux*, on verra qu'elles sont en effet précisément formées pour une vie d'association. Plus sensibles et plus dévouées que les hommes, elles ignorent cette sorte d'égoïsme que porte au dedans de soi, comme sentiment de sa force, une créature indépendante. Pour obtenir d'elles une action quelle qu'elle soit, il faut presque toujours *les convier au bonheur d'un autre.* Leurs défauts même se rattachent à leur condition. La même cause excitera chez l'homme les émotions de l'orgueil, et chez la femme seulement celles de la vanité. L'orgueil est le sentiment d'une puissance qui se juge; la vanité se mesure à l'effet qu'on produit; elle a toujours besoin d'un second.

Ainsi plus on nous observera avec attention, et plus on avouera que nous sommes faites pour la dépendance. La plupart de nos vertus ne s'exercent pas sans quelque exaltation; il en faut pour s'enchaîner constamment à la suite d'un autre, car souvent la récompense du dévouement se réduit à l'émotion que l'âme reçoit de son sacrifice. Aussi possédons-nous le secret de nous créer facilement des illusions nécessaires qui nous encouragent ou nous consolent. Par elles sont remplacés les avantages de la réflexion, qu'une mobilité naturelle nous rend pénible. La constance d'une seule pensée n'est pas en effet si nécessaire à qui n'a le droit de presque aucune décision. De même encore il nous a fallu le courage qui supporte plutôt que celui qui surmonte [1]; notre mé-

[1] « C'est dans les chagrins domestiques d'où sortent tant de passions cruelles, dans ces efforts sans gloire qui demandent tant de courage, dans les maladies qui semblent les réunir tous, et jusque dans la mort que paraît la puissance des femmes. De tous les maux destinés au genre humain, les uns sont actifs, et les autres passifs comme les sexes qui doivent les supporter. Les femmes, par je ne sais quel charme secret de leur imagination, échappent à ceux-ci en s'y abandonnant; les hommes s'étonnent, au contraire, quand ils ne peuvent aller au devant d'eux, les saisir par la réflexion. Celui que la vue des armes anime, s'effraie aux approches des évanouissemens. C'est au héros à donner l'exemple du courage dans les batailles, et à aller au devant de la mort; la femme le surpasse à l'attendre dans la maison. »

(Bernardin-de-Saint-Pierre, *Discours sur l'Éducation des femmes.*)

tier est d'éviter le danger : le braver appartient à plus fort que nous. Toutes les ressources enfin qui aident la faiblesse nous devaient être familières; il fallait que notre intelligence se trouvât plus prompte à deviner que fertile en aperçus, et qu'elle sût aisément saisir les chances qui nous sont offertes, pour en tirer parti, les fixer et les embellir. Rousseau dit que les femmes sont naturellement coquettes et rusées; c'est qu'il leur est de première importance de plaire, d'absolue nécessité de réussir. Ne serait-il donc pas possible de tourner à bien ces besoins de leur faiblesse? La société, en ne les prenant pas assez sérieusement, en exploitant leurs défauts au profit de son amusement; ne peut-elle pas se reprocher de les avoir souvent égarées? N'est-ce pas la société qui a développé en elles le goût de l'éclat, le désir de la domination? N'est-ce pas elle qui, par l'excès de ses éloges et quelquefois par la frivolité de son dédain, a exalté leurs prétentions ou encouragé leur inconséquence? Si l'on s'entendait une fois pour leur interdire d'ambitieuses espérances, sans les condamner à la futilité; si l'on cessait de les traiter ou comme des idoles ou comme des jouets, on les verrait reprendre leur place et ne chercher l'évidence que dans les occasions où le devoir fait une loi de s'y exposer. Tenir les femmes à leur véritable rang est vraiment dans l'intérêt des hommes ; relever et contenir leur nature par la morale, voilà quel doit être le but de leur éducation.

En nous rappelant à cette infériorité, notre condition sur la terre, hommage doit être rendu en nous aux dons spirituels que Dieu fait à ses créatures. Car à moins de refuser aux femmes tout sentiment moral, à moins de prétendre qu'elles n'ont ni raison, ni volonté, ni liberté ; enfin ; à moins de leur refuser la nature humaine, je ne vois aucun motif de les traiter moins sérieusement que les hommes, de leur dénaturer la vérité sous la forme d'un préjugé, le devoir sous l'apparence d'une superstition, pour qu'elles acceptent et le devoir et la vérité. Elles ont droit au devoir, elles ont droit à la vérité, puisqu'elles sont capables de l'un et de l'autre. Nul n'est fondé à leur ravir le privilége d'obéir à la loi divine révélée par la raison. Dépouiller les femmes de cette faculté, c'est violer la volonté de Dieu en dégradant son ouvrage.

Je ne crains pas d'ajouter que les temps

qui auront le mieux servi les femmes pour l'accomplissement de leur double mission, auront été tout à la fois les meilleurs pour la société entière. Mais, où sont ces temps? Faut-il les reconnaître comme déjà venus et passés, ou croire qu'ils appartiennent encore à un avenir dont nous disposons au gré de notre imagination? faut-il accorder à quelques philosophes moroses que c'est dans l'état de nature, représenté par l'état sauvage, qu'on a dû le mieux nous faire notre part, et déterminer notre rôle? Prendrons-nous, au contraire, pour champ d'observation, ces époques d'une civilisation raffinée, où les mœurs viennent affranchir le faible enhardi par l'abdication du fort? Mais chez ce sauvage qui ne représente guère que la vie physique, la plupart des mérites des femmes languissent inoccupés; mais chez les hommes devenus femmes, selon l'expression de Rousseau, cette usurpation du plus faible, tolérée, déforme tout son être moral. Sans doute, pour une créature humaine, la meilleure situation sociale est celle qui lui permet de déployer tout ce qu'elle peut valoir. Cependant il n'est point, à proprement parler, d'époque ni d'état où l'on ne puisse conserver ses penchans naturels, et pratiquer ses devoirs ; seulement la société est d'autant plus parfaite que, par son organisation, elle favorise et elle emploie davantage les bonnes dispositions des âmes; et quoique cette organisation semble faite pour les hommes, elle n'en profite pas moins aux femmes. Le plus faible suit l'amélioration du plus fort. Ainsi la destinée, la vertu des femmes n'est pas indépendante de l'état politique de leur pays. Les mœurs se ressentent des lois, les mœurs privées des mœurs publiques, et la nature du gouvernement n'est pas sans quelque influence sur l'intérieur du ménage.

Si, dans un grand pays, le temps s'ouvre pour de salutaires innovations; si l'on voit une nation généreuse, dégoûtée des faux mouvemens et d'un engourdissement forcé, réclamer enfin le fruit de son expérience; si elle paraît prête à s'imposer une constitution grave et morale, c'est alors que les esprits attentifs, profitant d'une disposition propre à ramener partout la simplicité, déchirant tous les voiles et perçant tous les nuages, verront la nature humaine comme elle est, et, dans la connaissance de ses vrais caractères, puiseront le droit et l'espoir de régler son action et de décider son avenir. De toute part, on s'occupera de tracer la carrière avant d'y entrer. Le moment des réformes politiques est celui des plans d'éducation.

Je ne sais si la France avait déjà offert de semblables circonstances, mais je me sens la conviction que sous nos yeux elle a reçu un grand signal, et qu'elle y a répondu. En vain on tenterait imprudemment de sécher ses efforts; les Français sont en route, il faudra les suivre ou les laisser marcher seuls. Quand un peuple en est là, l'unique ressource de ceux qui prétendent à le diriger est de hâter ses progrès, et, pour y réussir, d'agir parfois comme s'ils étaient déjà accomplis. Les leçons du passé ont, si je puis ainsi dire, tracé les cadres de la société nouvelle : une génération exempte de souffrance et de haine se présente pour les remplir. Elle sera plus morale et plus pure, car elle sera plus heureuse, le malheur ayant aussi son genre de corruption! Si cette nation s'enorgueillissait d'être ainsi appelée à recueillir les débris de la tempête, elle se glorifierait d'un hasard, ce serait une nouvelle forme de l'orgueil de la naissance; si elle se croyait en possession de toutes les vérités, ses lumières deviendraient aussitôt des préjugés, et elle lancerait contre l'avenir cette ridicule interdiction qu'elle reproche aux ennemis du présent d'avoir prononcée contre leur siècle. Mais on n'en aurait pas moins tort de lui nier ses progrès, puisqu'ils sont réels, puisqu'elle ne cesserait pas d'y croire. En vain essaie-t-on de voiler la vérité, c'est ce bouclier du Tasse dont il est impossible d'obscurcir les rayons.

Ces dernières paroles indiquent assez en vue de quel avenir est composé cet ouvrage; on prévoit à quels hommes sont destinées les femmes dont j'entreprends de considérer l'éducation.

CHAPITRE II.

Influence de l'état de la société sur la destinée des femmes.

Les femmes sont les secondes; elles sont soumises à l'influence des premiers, et, comme eux, à celle de l'organisation sociale qu'ils se sont donnée. Si celle-ci a été conçue dans un système dont toutes les parties soient liées, elles s'y assujettiront forcément, et demeureront là où les lois les auront mises. Si ces lois, sans accord entre elles, sont un résultat confus d'incidences fortuites ou de volontés individuelles, les hommes n'auront point de caractère national, la société de forme fixe; elle sera exposée à tous les genres d'empiétemens, et ceux des femmes auront leurs jours de succès. Il est, je crois, généralement reconnu que la nature des gouvernemens décide de nos relations les uns à l'égard des autres, et, soit qu'elle favorise les meilleures ou les moins bonnes habitudes, donne un caractère commun, une physionomie publique à tous les habitans d'un même pays. Il existe bien sur la surface du globe des différences parmi les hommes, qui tiennent à la nature des lieux et des climats; mais partout où la civilisation fait des progrès, ces circonstances primitives perdent de leur influence, car, dans l'état de société, les volontés morales ont sur nous bien plus d'empire que les nécessités physiques. On a vu des passions impérieuses, ou seulement l'obéissance, transporter des peuplades entières d'une région dans une autre, et les plus débiles créatures se résigner aux nouveautés, aux surprises, aux souffrances même, suite inévitable d'un tel changement. Dans un même pays quelquefois, les fatalités humaines ont opéré des métamorphoses si complètes, que les générations vivantes ont peine à reconnaître dans leurs veines le sang de celles dont elles descendent. Assurément les *Italiens de Rome*, à la lumière de ce brillant soleil qui éclaira leurs ancêtres, en présence de ce Tibre si souvent pris à témoin par eux des destins qu'ils donnaient au monde, ne peuvent trouver que dans les vicissitudes de leurs gouvernemens la cause des décadences de leur caractère. Les craintifs habitans d'Athènes, courbés par l'esclavage, ne rappellent en rien ces jaloux républicains qui incendièrent eux-mêmes en la quittant leur ville natale, croyant retrouver la patrie partout où ils emporteraient la liberté [1]; et sans aller chercher des preuves éloignées, que de variétés nationales nous offre notre propre histoire! Pour ne citer qu'un exemple, est-il vraisemblable que les Français de la ligue eussent reconnu un concitoyen dans un Français de la régence? On a vu un homme dont la vaste intelligence, propre à concevoir toutes les vérités, n'était limitée que par sa passion, se justifier à lui-même ses entreprises sur les peuples à l'aide de cette idée : « Les Français, les Anglais, les Espagnols, ne sont après tout que des hommes; on peut agir sur eux de la même manière. » Voilà ce qu'il nous disait souvent, et il a échoué surtout parce qu'il a trouvé des résistances imprévues dans la diversité des sentimens nationaux, auxquels il supposait cette *uniformité qui saisit quelquefois les grands esprits* [2].

Quoique nous sortions tous des mains du Créateur avec des dispositions analogues pour,

[1] On se rappellera que ces lignes ont été écrites il y a quatre ans. (*Note de l'éditeur.*)

[2] Montesquieu.

les mêmes vertus et les mêmes passions, on serait entraîné à des conséquences égarées, si l'on en concluait que nos sens et nos facultés internes sont toujours uniformément affectées. Il n'est pas plus possible de nier pour les individus le pouvoir de l'éducation, que l'empire des coutumes pour les peuples. Tandis que les principes de la suprême morale demeurent invariables, tous les règlemens sociaux se modifient selon le temps. Il se manifeste, pour ces changemens, des époques que les esprits étroits ou passionnés peuvent seuls s'obstiner à méconnaître. La raison, observant la marche des idées, les besoins des nations, avertit le génie qui, se plaçant en avant, marque du sillon de sa lumière la voie nouvelle de la politique. Les grands hommes ne sont utiles à leur siècle, que lorsqu'ils ont l'intelligence de le comprendre unie à la force de le devancer.

Mais si les différentes formes de gouvernement altèrent ou corrigent les caractères, on sait aussi quelle réaction la disposition morale des hommes exerce sur les événemens. Il est donc important de les élever de façon que leur conduite facilite et perfectionne le mouvement des institutions auxquels ils sont soumis. L'éducation a une grande autorité sur toute la vie, elle nous prépare à l'état que nous devons remplir dans la société. En me servant du mot d'*état*, je n'entends point celui que les convenances, les habitudes de famille, les intérêts particuliers déterminent d'avance pour l'enfant qui vient de naître dans tel rang ou telle condition. Cet usage universellement établi avant la révolution, et qui eut ses avantages comme ses inconvéniens, ne peut se maintenir désormais. Du moins ne sera-t-il plus la première préoccupation d'un père éclairé. C'est d'abord, et en général, un citoyen qu'il voudra laisser à son pays dans la personne de son fils; il l'élèvera pour l'être en toute choses, c'est-à-dire pour mêler au moins la pensée du bien public aux actes de son existence sociale. Il y a bien de la morale, et une morale sévère et touchante dans l'idée qu'on doit attacher à ce nom de citoyen! Je ne sais pas, après la religion, de mobile plus puissant que l'esprit patriotique pour diriger la jeunesse vers le bien. Ainsi que le christianisme, il parle aux passions fortes comme aux faiblesses des hommes. En effet si les préceptes évangéliques, toujours dirigés contre les tentations de la vanité humaine, nous prescrivent une grande défiance de nos mérites, ils nous permettent en même temps de nous enorgueillir salutairement de notre grandeur originelle, de cette *émanation divine, souffle immortel de notre vie passagère, qui forme un lien sacré entre le Créateur et son ouvrage* [1]. De même si nous sommes peu de chose comme habitans de la terre; du moins comme enfans d'une patrie, comme membres d'une société légitime, nous pouvons nous estimer d'autant plus que les conditions de l'association sont plus morales et plus honorables et qu'elles réclament de nous plus d'action et de dévouement. A mesure que les gouvernemens sont moins absolus, les citoyens devenant plus obligés les uns à l'égard des autres, les vertus politiques interviennent davantage dans les relations civiles. Aussi, à l'avenir, les principes d'une morale publique doivent-ils, en France, s'unir dans l'éducation des hommes, aux principes de la morale individuelle.

Il reste à savoir ce que deviendront les femmes après ce grand renouvellement social auquel nous assistons. L'homme doit être formé pour les institutions de son pays; la femme pour l'homme, tel qu'il est devenu. Être épouses et mères, voilà notre état et nos

[1] Nicole.

dignités. Il ne sera pas hors de propos de dire comment le temps et la société nous ont fait quelque chose en dehors de tout cela [1].

Au moment où la vie civile se réforma selon les préceptes du christianisme, les vertus fortes ne furent plus les seules estimées, et l'on comprit que, sans perdre rien de leur énergie, elles pouvaient s'exercer avec plus de douceur; mais cette influence du christianisme fut lente à se manifester : il s'empara de l'esprit long-temps avant de modifier sensiblement les mœurs. Quoi qu'il en soit, dès l'origine, ses principaux préceptes, l'amour du prochain, l'oubli des injures, la charité, la résignation, donnèrent à la morale qu'il enseignait, une douceur qui, tôt ou tard, devait se faire sentir dans les habitudes et dans les actions. Une religion qui fait sa première loi du précepte d'amour, n'avait besoin que d'être mieux connue et mieux pratiquée pour rendre les relations sociales plus affectueuses et plus paisibles. Tout ce qui aime, tout ce qui croit, tout ce qui souffre, intéresse spéciale-

[1] On peut consulter sur ce sujet *l'Essai sur le caractère, les mœurs et l'esprit des femmes dans les différens siècles*, par Thomas.

ment la religion chrétienne : n'est-ce pas dire qu'elle devait protéger les femmes ?

Il semble que par elle la pitié s'introduisit de nouveau dans le monde. Peu connue des anciens, elle acquit, enseignée par l'Évangile, une puissance et un charme de plus, quand des coutumes moins partiales et moins dures, plaçant les femmes dans une situation moins subalterne, leur permirent de l'exercer. Une femme est par elle-même un être si faible, si dépendant, que, même lorsque les circonstances lui procurent les jouissances et la dignité attachées à un sentiment légitime et partagé, jusqu'au milieu de son bonheur elle conserve encore un instinct de la souffrance, qui la met sur-le-champ en harmonie avec la peine qu'elle découvre. Un homme assiste plus ou moins généreusement au spectacle de la douleur, une femme s'y associe, parce qu'elle sent toujours combien il serait facile de lui faire mal. La pitié est une source féconde de civilisation : ce fut elle qui donna de la générosité à la victoire, du repentir à l'injustice, de la délicatesse à l'amour. Par elle, la vieillesse et l'enfance obtinrent plus d'égards et de soins; les êtres disgraciés n'envisagèrent plus la vie comme un fardeau insupportable. C'est elle qui consacra quelques-uns des devoirs chevaleresques, premier pas des âges modernes vers un adoucissement des mœurs, au temps que l'ignorance réduisait encore la société à des rapports informes et rares, dont l'insuffisance ne pouvait être corrigée que par des vertus accidentelles. Mais long-temps avant que les mœurs se fussent généralement adoucies, d'autres circonstances avaient préparé, assuré même l'amélioration de la condition des femmes, et cette extension de leur influence, un des traits distinctifs des sociétés modernes. Ce progrès paraît venir principalement de ce que chez celles-ci la vie domestique a remplacé la vie publique. Le régime féodal, en détruisant entre les hommes toute association un peu étendue, isola les existences comme les pouvoirs; la souveraineté se retrancha dans l'intérieur du château : là furent réunis les vassaux, les compagnons, les serviteurs du seigneur, et la maison, devenue le siége du gouvernement, acquit ainsi une importance que l'antiquité ne lui connut jamais. Ainsi, la femme du châtelain s'associa à tous les actes, à tous les intérêts de sa vie. Les peuples anciens vivaient sur les places publiques, où toutes les choses importantes se traitaient entre les hommes ; les peuples modernes ont vécu dans les maisons, et les femmes ont été présentes à tous les plaisirs et souvent à toutes les affaires. On leur a demandé des soins, une surveillance, une coopération dont les anciens ne s'inquiétaient pas, et surtout des ressources contre l'ennui que les anciens allaient chercher en plein air. Le mari s'est trouvé plus habituellement enfermé seul avec sa famille ; des associations nécessaires à la sûreté se sont formées par les mariages, et les femmes en ont été le lien. Cette circonstance générale de la vie des modernes a décidé peut-être du sort des femmes, en les faisant participer dès le principe à tous les progrès de la civilisation, auxquels, chez les anciens, leur condition était demeurée étrangère. Les femmes d'Athènes, du temps de Périclès, étaient à peu près dans la même situation, à tous égards, que les femmes du temps d'Homère ; car la vie des hommes, tout extérieure et politique, avait été presque absolument séparée de la leur : eux seuls s'étaient réservé le mouvement et le progrès. Dans l'Europe moderne, au contraire, la condition des femmes a changé graduellement avec celle des hommes, parce que la vie des uns et des autres était la même, toute intérieure et domestique, sauf pour la guerre; encore la guerre se passait-elle presque toujours à peu de distance du château, où les hommes revenaient bien vite chercher le repos et la sûreté.

Les femmes ne sauraient donc se plaindre autant que les hommes peut-être, de la marche des sociétés dans notre Europe; et ces sociétés à leur tour n'auraient aussi qu'à se féliciter de l'intervention des femmes remises à leur véritable rang, si les mêmes causes qui les ont relevées vis-à-vis des hommes à la sorte d'égalité relative qui leur est due, ne leur avaient aussi permis et facilité l'usurpation d'une excessive influence plus favorable à leur amour-propre qu'à leur dignité. Ce n'est en effet que chez les peuples modernes que les affaires publiques ont pu quelquefois être traitées comme des affaires de ménage; et de là souvent la petitesse, la futilité des causes et des moyens qui ont amené, surtout en France, quelques-uns des grands événemens historiques.

CHAPITRE III.

De la destinée des femmes en France, et sous le règne de Louis XIV.

Les républiques anciennes rejetaient les femmes hors de l'ordre politique ; nos gouvernemens monarchiques leur ont été plus favorables. Quand pour réussir il suffit d'agir auprès d'un seul, les moyens de succès ne sont ni variés ni compliqués ; la conduite est dictée par une étiquette générale, à peu près uniforme, qui exclut la force et les voies directes, et qui favorise assez bien l'habileté féminine. Ce *seul*, tout roi qu'il est, n'échappe pas à de certaines séductions ; le besoin de plaire sert auprès de lui de voile à l'intrigue qu'il ne démêle qu'à demi. L'ambition alors se donne pour de la coquetterie ; la femme qui brigue la faveur semble ne poursuivre qu'une conquête, et, sous couleur de chercher le plaisir, elle aspire au pouvoir. La vanité royale ne se prête que trop à cet artifice ; tel prince, en croyant ne donner que son cœur, a déposé sa couronne, et les affaires de l'état sont ainsi flétries avant qu'il soit détrompé.

Notre influence auprès des princes a précédé de beaucoup celle que nous avons exercée dans ce qu'on appelle le monde. Les cours se façonnent vite et changent peu; loin d'elles se conserve une liberté que la diversité des caractères entretient, et qui enfante des résistances plus imprévues. Aussi, dès que les grands commencèrent à quitter leurs provinces pour venir se disputer autour du prince l'exercice du pouvoir royal et retrouver en son nom la souveraineté qui leur échappait, on vit des femmes figurer aux concours des ambitions, et, redoutables dans le crédit comme dans la disgrâce, éclipser les favoris ou rallier les mécontens.

Le cardinal de Richelieu, voulant abaisser cette noblesse rivale de la royauté, commença le système achevé par Louis XIV; il soumit les grands à la couronne, il en fit des victimes, et Louis XIV des courtisans. Dès la mort de Louis XIII, Anne d'Autriche environna le berceau de son fils d'un essaim de jeunes femmes, dont la présence continuelle devait préserver ses penchans de la triste austérité du roi défunt. Les plaisirs qui résultèrent de cette réunion jeune et brillante rappelèrent auprès du trône une grande partie de cette noblesse, désormais sans indépendance et sans pouvoir, et ce fut alors que commença la *vie de société*.

Toutefois les prétentions des grands encore mal étouffées se trouvaient toutes en présence dans un cercle aussi étroit. Cet attachement à d'anciens priviléges regardés comme des droits, qui chez les hommes peut exciter des passions élevées, ou du moins enfanter des actions brillantes, fit naître parmi les femmes les prétentions futiles de la vanité. Elles se choquèrent mutuellement, provoquèrent des haines et des querelles qui, jointes aux fautes de la reine ou de son ministre, contribuèrent à produire les troubles de la Fronde. Rien ne prouve mieux que cette guerre, qu'on a spirituellement appelée une plaisanterie armée, l'amoindrissement que l'entremise des femmes apporte dans la politique. La Fronde, qui coûta du sang, qui mit dans les fers le héros de Rocroy, qui fit de Turenne un rebelle, manque pour l'histoire de grandeur et d'importance. Malgré la valeur déployée dans les combats, malgré la fermeté antique de Mathieu Molé, et l'éclat des noms qui sont en tête des événemens, on croit, en lisant les mémoires de cette époque, assister à la représentation d'une intrigue de cour, et l'âme ne s'associe point à des guerres civiles tellement rapetissées, qu'on y voit le grand Condé devenu l'agent des ressentimens d'amour-propre de la duchesse de Longueville, et le canon de la Bastille tiré sur des Français, parce que Mademoiselle savait que Mazarin s'opposait à ses ambitieux projets de mariage.

Le désir qu'avait Anne d'Autriche de tout pacifier, et le caractère naturellement doux et rusé du premier ministre qui, dit un auteur du temps, *aimait mieux découdre que trancher*, encouragèrent l'intervention des femmes dans ces dissensions. On en tira parti, et si elles diminuèrent cette sorte de grandeur que donnent aux guerres civiles les sentimens profonds et les dévouemens exaltés, du moins purent-elles contribuer à écarter une partie des horreurs qui marchent à leur suite. Si nous ne craignons pas les événemens qui nous tirent des situations ordinaires, nous ne souhaitons jamais cependant les extrémités qui rendent inutile le genre d'habileté qui nous est le plus familier, et nuls ceux de nos succès que nous apprécions le plus. La galanterie disparaît dès que les troubles politiques prennent un caractère de gravité, et si quelquefois ils laissent encore quelque place à l'amour, ce n'est plus à celui que font naître les artifices de la coquetterie. Marchant au travers des dangers, il devient passionné, mais sombre ; et peut-être, à notre honte, n'est-ce pas celui que nous aimons le mieux inspirer.

Louis XIV, à son tour, profitant de l'ouvrage de Richelieu, fixa irrévocablement les grands autour de lui, et devint centre de toutes les importances et de toutes les renommées. Peu à peu on vit naître ce code tout conventionnel qui devait régler les relations d'un monde particulier, distingué depuis en France sous le titre de *la bonne compagnie.* Il appartenait aux femmes d'en déterminer les articles, car il excluait la force pour y substituer la finesse et la grâce : par elles et pour elles fut alors créé le plaisir de la conversation qui, depuis, est devenu l'un des premiers besoins des Français.

Les temps étaient accomplis; des hommes de génie et de talent apparurent de tous côtés; ils furent accueillis et protégés par les *grandes dames.* Cette classe nouvelle de gens distingués admis auprès d'elles jeta dans la société cet intérêt nouveau qui naît pour l'esprit du mélange des impressions diverses produites par un même objet; et pour en jouir, elles surent d'abord mieux que les hommes sacrifier quelques préjugés du rang aux agrémens de la vie.

On peut remarquer que par un motif pareil le dédain aristocratique n'entre pas toujours dans les idées des rois absolus ni des femmes; leur confiance dans leur propre pouvoir les dispense des précautions de l'orgueil; l'amour-propre est généreux sans peine, quand il sait qu'on ne peut rien lui disputer; et lorsqu'on exerce un empire universel, on est facilement tenté de croire à l'égalité [1]. Aussi le Louvre fut-il ouvert aux *bourgeois beaux-esprits*, presque en même temps que les hôtels de Rambouillet et de Longueville. Fort de la protection royale, Boileau put raisonner *sur la noblesse*, et Molière mécontenter *les commandeurs* et *indigner les vicomtes*. La dignité naturelle de Louis XIV et ses goûts le portaient à donner de la pompe à l'asservissement, de la grandeur au despotisme; il s'empara avec habileté de l'influence que tant d'hommes remarquables allaient exer-

[1] En approfondissant cette réflexion, on explique la popularité d'un grand nombre de tyrans.

cer sur la société ; il les dirigea dans le sens de ses projets, en leur conservant cette apparence de liberté, quelquefois même cette liberté réelle, si nécessaire à l'esprit humain pour qu'il puisse produire des chefs-d'œuvre.

Cette puissance des femmes, qui prit alors un assez grand essor, développa leurs facultés. Ambitieuses de tout atteindre, elles se livrèrent à des études plus variées, et comme elles s'emparent vite de ce qui suffit de la science pour la conversation, elles furent promptement au courant, c'est-à-dire en état de parler de tout, de juger rapidement, de satisfaire souvent, d'intéresser toujours.

Cette révolution, vraiment féminine, eut ses avantages et ses inconvéniens. Elle commençait l'affaiblissement des caractères ; on en acquit la preuve dans le siècle suivant, la décadence ne pouvait se manifester d'abord, une création quelconque, appliquée même à des choses médiocres, inspire toujours une énergie passagère. D'ailleurs dans toute nouveauté, on s'empresse pour le bien, le mal n'en découle que par degrés. Il est encore d'autres motifs qui contribuèrent à orner le nouvel édifice, des beautés qui résultent pour un tout de l'harmonie de ses parties. Louis XIV aimait l'ordre, il l'imposa à la France. Il ne souffrait point qu'aucune force se soulevât au point de le gêner; mais il voulait que tout fût monté à un même degré de grandeur, inférieur cependant au sien et qui le fît encore plus grand. Il est possible qu'il appréciât la vertu, surtout parce qu'elle ennoblit, tandis que le vice rabaisse; mais enfin il l'honora en mainte occasion. C'est encore un bonheur pour un peuple, quand son souverain tient à honneur de mettre en valeur les plus brillantes qualités de l'espèce humaine. Il y a aujourd'hui une ingratitude nationale à tant déprécier Louis XIV; sans doute la morale a de grands reproches à lui faire; on peut se plaindre de son pouvoir et souvent même en blâmer l'emploi; mais les Français, qui sous ce nom lui doivent le rang qu'ils ont pris dans l'univers, ne sauraient cesser de regarder son règne comme l'une des plus belles époques de leurs annales : leur amour-propre est intéressé à sa gloire.

Une autre influence plus puissante que celle du prince donna encore à ce temps-là un grand air de dignité. Le siècle de Louis XIV s'est élevé sur les croyances religieuses; il s'est conformé aux devoirs qu'elles prescrivent.

Le roi, qui durant les trente dernières années de sa vie trouva dans sa piété tant de force contre ses revers, avait reçu de sa mère les principes d'une foi constante, dont il donna l'exemple à tous ses sujets. Princes, guerriers, magistrats, savans, beaux-esprits, les femmes enfin, tout fut religieux ou voulut le paraître. C'est un odieux vice que l'hypocrisie; mais quand il devient une affectation générale, c'est au moins un hommage rendu à la nature des opinions régnantes; et quand telle est la couleur dominante d'une époque, elle peut encore en donner meilleure idée que cette vanité d'incrédulité qui s'est emparée plus tard de la portion de la société faite pour donner l'exemple. Au temps dont je parle, les femmes surtout conservèrent de l'exactitude dans les pratiques religieuses, même au milieu de certains écarts. La Bruyère se moque un peu des *directeurs*, et de celles qui *reçoivent*, dit-il, *au sermon les billets de leurs amans*. Il a raison: le moraliste qui veut donner une leçon ne doit point tolérer de transaction entre le vice et la vertu. Cependant ne peut-on pas croire qu'un être naturellement pur, mais sensible, mais faible, qui demeure en présence de Dieu alors même qu'il l'offense, se garde une chance de plus pour le repentir? Quand la duchesse de Longueville portait un cilice sous ses habits de bal, quand madame de Montespan, exacte à toutes les rigueurs du carême, disait: « Parce qu'on fait une faute, faut-il donc les commettre toutes? » n'est-il pas vraisemblable que quelque réflexion grave venait se glisser parmi les désordres de leur conduite, et préparait ces grandes réparations que la miséricorde divine attend long-temps et accueille toujours?

Au reste, en ne considérant les habitudes religieuses que par leurs effets apparens, il est au moins certain qu'elles donnent de la dignité à l'attitude et aux actions; et que dans ce temps, par exemple, où les femmes abordèrent des études plus étendues, la religion qui, si l'on peut ainsi parler, était la grande affaire d'alors, préoccupa leur esprit de pensées élevées et sérieuses. Ces discussions théologiques qu'on dédaigne aujourd'hui, mais qui toutefois ont contribué à agrandir le cercle des idées, étaient entreprises et soutenues par des hommes supérieurs. Pour s'éclairer sur de pareilles questions, il fallait suivre Bossuet et Fénélon; il fallait étudier Port-Royal, pour comprendre les controverses sur la Grâce. Sous la plume de Pascal, la satire religieuse s'élevait au plus haut degré de l'éloquence; la critique de quelques ouvrages, même de plusieurs comédies, trouvait place dans les sermons de Bourdaloue; des leçons de politique étaient données à l'occasion d'une oraison funèbre. L'art du théâtre produisait Polyeucte et Tartufe; et plus tard, à la cour, Esther et Athalie. Nous voyons, par les lettres de madame de Sévigné, le sérieux des lectures, comme elle s'excusait d'aimer les romans (et quels romans que ces longs plaidoyers galans et guindés de mademoiselle de Scudéry!); pour *se divertir*, elle ne connaissait que *les petites lettres* et *le Tasse*. La conversation, la pensée, la parole, le geste, toute la personne enfin, ne devait-elle pas se ressentir des habitudes auxquelles la foi soumettait l'esprit?

Voilà sans doute le beau côté de la société sous Louis XIV; il faut encore oser l'apprécier aujourd'hui. J'ajouterai tout aussi sincèrement qu'elle me laisse en même temps l'idée d'une convention de rapports, dont le naturel était presque entièrement banni. Tout y paraît monté sur le ton d'une grande politesse, mais dont l'excès doit introduire quelque sécheresse dans les relations du cœur. Chacun y semble apporter une telle préoccupation des priviléges du rang, des obligations qu'il impose, que les saillies des caractères qui jettent de la diversité dans la vie, devaient rester une chose interdite. On voit que madame de Sévigné, entraînée par un esprit trop remarquable pour se plaire dans le factice et s'accommoder de ce qui est arrangé, osa se dégager parfois, ou du moins se plaindre des entraves que l'étiquette mettait aux affections : forcée de plier sous l'usage, on s'aperçoit qu'il gênait son âme. Aussi n'échappa-t-elle point à la censure du préjugé dominant; et nous lisons, dans les mémoires de Bussy, qu'on lui reprocha un penchant trop visible à sortir des convenances prescrites aux femmes *d'un certain état.* Une passion quelconque rapproche de la nature : madame de Sévigné, qui en éprouva une véritable, blâme assez nettement dans ses lettres l'éducation des filles abandonnée au couvent, la froideur des relations de famille, les mariages où les rapports des rangs sont seuls consultés, et ces dénominations encore plus guindées que respectueuses qui, se plaçant toujours entre les parens et les enfans, devaient comprimer ou faire grimacer les sentimens de la nature [1].

[1] Madame de Sévigné raconte qu'après le passage du

Si donc sous Louis XIV l'éducation de l'esprit des femmes fut grave et parfois solide, celle du caractère demeura imparfaite. Le principe de l'égalité, qui contribue à rendre notre âme humble et compatissante, est renfermé sans doute dans l'Évangile ; mais l'interprétation théologique n'a pas su toujours l'en dégager, et l'on a long-temps prêché la charité sans en comprendre toutes les conséquences. D'ailleurs, les hommes et les corps privi-

Rhin, lorsqu'il fallut apprendre à la duchesse de Longueville la mort de son fils, mademoiselle des Vertus, son amie intime, retirée à Port-Royal, se transporta chez elle. Son apparition présageant quelque malheur à cette princesse, elle s'écria douloureusement : « Ah ! mademoiselle, » comment se porte monsieur mon frère? » son imagination n'osant aller au delà. Ce cri d'une âme troublée par le vague effroi des sentimens les plus chers, qui s'exhale en conservant encore les formes scrupuleuses de l'étiquette, m'a toujours surprise et glacée.

Il en est de même d'une lettre du petit marquis de Grignan, âgé de quinze ans, revenant de l'armée pour la première fois, après y avoir été blessé. « Il se jette (y dit-il) aux pieds de sa mère, qu'il appelle madame, lui demandant la permission de baiser respectueusement sa main, parce qu'il n'ose aspirer à une de ses joues. »

« Il me voulait baiser les mains, je voulais baiser ses » joues, cela faisait une contestation : je pris enfin posses» sion de sa tête, je la baisai à ma fantaisie. »

(Madame de Sévigné, *lettres* 266 *et* 989, *édition de M. de Montmerqué.*)

légiés ont eu de tous temps la subtile adresse de façonner les devoirs les plus positifs aux convenances de leur orgueil. Ainsi, ils ont fait céder l'humilité chrétienne aux obligations de leur position; ils ont cru sans peine que cette humilité consistait, pour eux, dans le devoir facile de reconnaître le néant de leur grandeur devant la croix, et pour les autres, dans le devoir un peu moins aisé d'en reconnaître la réalité devant eux. Je dirai, en déterminant ma pensée, que l'éducation sociale du beau siècle a manqué de philosophie. L'abus et la prévention ont jeté une telle défaveur sur quelques mots, qu'on serait presque forcé de désigner sous de nouveaux termes des choses évidemment bonnes, pour obtenir de la raison que son attention demeurât impartiale. Cette philosophie n'est autre chose que cette justice universelle, que ce sentiment de la *fraternité humaine*, dont Fénélon a parlé le premier, et qui permet de jouir des préférences du sort en présence des hommes sans les en accabler: c'est l'intérêt commun pour tout ce qui est appelé à naître et à mourir sur la terre, quel que soit le pays, l'état et même la religion; en un mot, c'est cet amour de l'humanité, image de la miséricorde divine, douce vertu invoquée par tous les êtres souffrans, et que les misères de l'orgueil nous forcent trop souvent à réhabiliter dans l'opinion des heureux du monde.

Cette généralisation de la bonté qui ne marche pas sans un développement de l'esprit, est particulièrement nécessaire aux femmes. Disposées à mettre de la passion dans tous leurs intérêts, elles donnent facilement de l'intolérance à leurs préjugés.

Enfin l'esprit des femmes même n'est point en sûreté, tant qu'il demeure fermé aux idées générales. Qu'il vienne en effet un temps où le préjugé et l'usage, seuls liens qui les contiennent, soient ébranlés; quel principe de conduite ou de foi leur restera-t-il? Tant que les combinaisons politiques et sociales ne sont point troublées, tant que les formes religieuses sont encore intactes, la règle établie donne à leur conduite une apparence uniforme qui peut leur suffire, elles vivent dans l'ordre; mais cet ordre, des événemens inattendus peuvent tout à coup l'interrompre; le seul mouvement des esprits, la seule diversité des caractères peuvent faire surgir mille circonstances nouvelles. Surprise par l'imprévu, la faible raison des femmes se confond et s'égare;

n'eût-il pas été désirable qu'on donnât à leur esprit une éducation plus large et plus profonde, qui leur assurât la ressource d'une morale primitive, là où la convention vient à leur manquer?

CHAPITRE IV.

Suite du précédent. — Les femmes du règne de Louis XV.

L'HOMME se perfectionne; mais par une des infirmités de sa nature, avant d'atteindre une amélioration, il lui faut presque toujours passer par un excès. La majesté, tant soit peu guindée des habitudes sous Louis XIV, avait fini par ennuyer, et la raison pressentait qu'on pouvait garder les convenances nécessaires, et vivre d'une vie plus naturelle. Elle autorisait des changemens, la licence en profita pour secouer tous les liens à la fois. Bientôt on se jeta dans un désordre qui ne fut qu'une complication de plus, et, pour être moins décente, l'attitude de la société n'acquit pas plus de simplicité. Le temps de la régence et de Louis XV offre un spectacle triste et confus, non qu'en le considérant attentivement on n'y démêle l'effort de l'esprit humain qui cherche à se faire jour au travers de l'erreur;

un intérêt plus général pour les hommes, une pitié plus active envers les classes inférieures, l'affranchissement de quelques préjugés puérils, des pas sûrs dans les sciences, une politesse croissante dans les mœurs, enfin un progrès sensible dans l'art de mettre les idées à la portée du plus grand nombre, voilà les avantages de l'époque : mais l'immoralité d'une classe et l'orgueil d'une autre, jetèrent la confusion du chaos dans le règne de l'ordre. On dirait qu'un malin génie avait dans son passage lancé un souffle corrupteur sur les dons les plus précieux qu'une nation puisse recevoir de la providence.

La nature avait doué Louis XV de ces qualités qui séduisent les peuples, et qui pourraient les diriger vers une imitation salutaire : il ne s'en servit que pour donner le spectacle des plus contagieuses faiblesses. Il propagea le vice en montrant une profonde insouciance pour ses résultats. Louis XIV eut de grands scandales à se reprocher, mais il sut persuader aux autres que sa puissance lui donnait un droit de faillir qui s'arrêtait à lui. On n'ignorait point le prix qu'il attachait à la morale, tout en l'offensant; et quoique ce soit abuser de la royauté que de l'affranchir du respect qu'on se doit à soi-même, cependant cet orgueil qui se présente comme une exception, prévient au moins l'effet du mauvais exemple. Louis XV mit plus de naturel dans ses relations avec les hommes; peut-être avait-il ses raisons pour ne pas tant compter sur un pouvoir qu'il sentait fondre dans ses mains. Il toléra donc les vices dont il se rendait coupable, il sourit à la corruption, et poussa le cynisme de l'indifférence jusqu'à prédire lui-même la décadence qu'elle devait amener. La grâce de son esprit, la facilité de son caractère ornaient sa dépravation; ces dons qui suffisent à l'existence d'un homme obscur, ne servent guère qu'à porter plus d'irrégularité dans celle des rois : en les élevant, il faudrait toujours leur enseigner toutes les vertus fortes correspondantes aux douces qualités qu'ils annoncent.

La cour se modela long-temps sur ses maîtres; les grands, recueillant de leurs ancêtres l'héritage des vanités, mirent au rang de leurs prérogatives le dédain de la morale, considérée comme apanage de la bourgeoisie. Cet abandon des principes se transforme chez les hommes énergiques en pernicieuses doctrines, à l'aide desquelles on s'efforce d'*anéantir le Dieu qu'on a quitté*. De là, souvent des passions violentes et de grands crimes. Mais ce même abandon ne conduit les faibles (et c'est le plus grand nombre) qu'à une légèreté d'actions, à une frivolité de discours, auxquelles l'élégance des manières procure malheureusement quelque succès. On est d'autant plus attentif aux formes, que l'âme et l'esprit sont moins occupés du fonds. Qu'un temps soit arrivé où la vie de toute une classe s'use dans les relations de salons, l'homme soigneux de les ménager toutes, vide de sentiment et de pensée, jamais entraîné, jamais préoccupé, sera sûr de s'y montrer le plus aimable : c'est ce qui s'est vu sous Louis XV. La politesse se raffina à mesure que la décence fut moins observée. Le premier devoir d'un homme du monde fut d'y apporter de la grâce et de l'aisance; et bientôt cette obligation acquit une telle importance, qu'un geste rude, une locution triviale, une attitude commune, choquèrent beaucoup plus qu'une mauvaise action [1]. La bonne compagnie eût repoussé tout individu qui l'eût froissée par des manières vulgaires, et elle accueillit avec empressement ceux

[1] La honte n'est plus pour les vices, elle se garde pour ce qui s'appelle le ridicule.

(*Réflexions sur les femmes*, par madame de Lambert.)

qu'elle appela ses *roüés*, dénomination qui épargne au moins la nécessité de définir leur factice et honteux caractère.

Cependant, tout en se montrant si difficile sur les façons des personnages si singulièrement appelés *gens bien élevés*, *hommes comme il faut*, la société le fut beaucoup moins à l'égard d'une autre classe qui commençait à se faire une célébrité par les entreprises de l'esprit. Elle permit aux gens de lettres, distingués sous le titre ambitieux de philosophes, de conserver dans son sein quelques singularités tranchantes. Mais leur admission près des grands seigneurs ne ressembla nullement à celle que toléraient les courtisans de Louis XIV. Il ne fut plus question de protecteurs ni de protégés, mais du rapprochement de deux prétentions distinctes, qui consentaient à ce contact nouveau pour l'agrément et la commodité de la vie. En effet, les philosophes, pour prix de la complaisance avec laquelle on autorisait leur familiarité hautaine, fournirent aux gens du monde des connaissances sans études, des lumières à bon marché, même des vertus faciles, appuyées sur des *lois naturelles*, dont chacun pût interpréter et dicter la teneur; ils y joignirent le funeste présent d'une religion vague qui se bornait à reconnaître un premier moteur des choses, à peu près indifférent aux résultats de la création. C'est le relâchement des mœurs et la licence des principes qui enfantèrent l'esprit philosophique du siècle, c'est-à-dire le doute raisonné sur les choses graves de la destinée de l'homme, système dangereux, trop motivé par les persécutions infligées récemment aux consciences, trop séduisant, parce qu'il semblait professer l'indulgence. Toutefois le despotisme des opinions n'abdiqua point; par un étrange abus, on vit alors la foi du doute imposée avec une sorte de tyrannie; et l'incrédulité aussi trouva moyen de se montrer intolérante.

Si la sagesse, fruit tardif du temps, l'eût devancé, suffisamment avertie des dangers auxquels les dissensions théologiques devaient exposer la foi, elle eût écarté tout ce qui nuit effectivement à la vraie piété, en transportant le zèle dans les formes, et en aiguisant l'ardeur de l'esprit aux dépens de la chaleur de l'âme. Et que d'erreurs alors, que d'erreurs fatales étaient évitées! Mais il ne nous est pas donné de marcher si vite et si droit. Une impétuosité déplorable, le désir de secouer toute dépendance, l'orgueil de l'esprit, le besoin de justifier la corruption, tout sembla conspirer pour tout détrôner. Cette philosophie qui, par son union avec la religion, pouvait apporter tant de bonheur dans la vie humaine, ces opinions saintement libérales qui eussent jeté les fondemens d'un renouvellement social, partout favorable à l'existence du faible, se changèrent en traits acérés, qui frappèrent au cœur les croyances, les devoirs et les institutions. La punition a suivi la faute; le don de fonder ce qui devait être utile et durable a été refusé à ceux qui, dans leurs prédications d'un genre nouveau, prirent les formes des sectaires, et montrèrent les préventions et l'injustice de l'esprit de parti.

La passion desséchante de l'incrédulité égara les plus illustres écrivains de cette époque : le seul Rousseau se tint à part, et demeura maître de choisir, sans tout rejeter, sans tout défendre. Plus libre et plus sincère, il eut le bonheur et la gloire d'appeler les idées philanthropiques qui vaguaient dans les têtes, à l'application d'une éducation plus naturelle et plus sensible; il replaça l'enfant dans les bras de sa mère; il reprocha justement à la société son indifférence sur les soins qu'on doit à la jeunesse; il ne fut le courtisan ni des grands ni des philosophes ; il rappela la philosophie à la foi, la piété à la tolérance, la littérature à la morale, la société à ses droits. S'il se trompa souvent, il ne se trompa comme personne, et il n'est presque aucune de ses erreurs qui n'ait été un progrès pour l'esprit humain.

Mais Rousseau a trop rabaissé l'homme de la civilisation. Toujours dédaigneux des circonstances réelles, il façonna Émile pour un monde idéal, ouvrage de son imagination. Voulant lui inspirer l'amour de l'humanité, il le tient dans un cercle d'opinions opposées à l'association. Tout, jusqu'à l'idée de la Divinité qu'il cherche à inspirer à son élève, doit rompre les rapports de celui-ci avec ses semblables. Cette reconnaissance, cette adoration qui franchissent l'espace pour s'élancer de notre âme au créateur, sans se fixer ici-bas par aucune observance commune à tous, contrarient visiblement le but de l'existence sociale, qui tend à nous lier les uns aux autres à l'aide d'une foi pareille, au moins dans ses dogmes primitifs et dans ses principaux actes. « Ce » qu'on appelle la religion naturelle, a dit un » homme distingué, est du domaine de l'ima- » gination ; on peut être agité par ses nobles » pensées, sans que les actions s'en ressentent.

» Mais un culte est l'application positive de » nos sentimens, c'est par cet intermédiaire » qu'ils prennent corps, qu'ils acquièrent de » l'influence sur la conduite. En examinant » Rousseau, on voit qu'il y a de l'analogie en- » tre une religion sans culte et une vertu sans » pratique [1]. »

Le nom de Rousseau me ramène à cette portion de la société qu'il a tant aimée, quelquefois si bien devinée, et qu'il a su presque toujours intéresser au mal qu'il disait d'elle. Que devenaient les femmes au milieu du désordre? Si les hommes ont généralement besoin de la morale pratique, combien elle nous est encore plus nécessaire, d'autant plus même qu'on aura davantage exercé nos facultés intellectuelles! C'est dans le passage des idées aux actions que se dévoile notre faiblesse, et si l'exercice d'une religion positive ne vient point nous prescrire jusqu'à la forme qu'il faut donner à la vertu, nous risquerons de nous égarer dans un dédale d'incertitudes, dont jamais nous ne serons assez fortes pour retrouver l'issue. Un état permanent de doute fatigue des imaginations mobiles et vives, et les porte à

[1] *De la Littérature française pendant le dix-huitième siècle*, par M. de Barante.

rompre peu à peu avec les choses sérieuses; de là bientôt un entraînement dans le tourbillon des plaisirs où la vivacité des sensations donne le change sur le vide des idées. Ce qui fait vraiment mal à remarquer sous la régence et sous Louis XV, c'est l'empressement des femmes à saisir dans les principes de la philosophie du temps, tout ce qui pouvait justifier leurs scandales et faciliter leurs écarts. Le vice seul, dans sa nudité, n'est pas si odieux que lorsqu'il se montre honteusement paré d'une doctrine dépravée : et cette doctrine elle-même inspire d'autant plus de dégoût qu'elle est devenue l'apologie d'une faiblesse ardente, plus excusable si elle se passait de sophismes. Les mémoires publiés depuis quelques années, orgueilleux aveux de tant de tristes excès, nous ont révélé tout ce système de dissolution morale et religieuse; on y trouve tous les articles de ce code licencieux ; on y voit quels conseils ornés des séductions du beau langage, détournèrent les femmes des devoirs qui leur font la vie, sinon toujours heureuse, du moins toujours honorable. Averties par la philosophie, que les vertus opposées à la nature sont fausses, elles reçurent encore de la mode cette leçon, que l'apparence même de la fidélité a l'air de la duperie et prête au ridicule. Aussi non-seulement la foi conjugale fut-elle méprisée, mais l'amour lui-même, lorsque, par sa constance, il pouvait ressembler à la vertu. On ne lui sut aucun gré d'être illégitime, parce qu'il était sérieux ; et la vraie passion fut proscrite comme un devoir, puisqu'elle était une douleur. Tout ce qui dans une liaison n'avait pas l'aspect d'une fantaisie fugitive se trouva condamné au tribunal du savoir-vivre, la fidélité devint un scandale, et la publicité repoussa ce qu'elle avait subitement vieilli.

Quand on se présente les femmes ainsi surprises dès leur jeune âge par le sophisme continu qui égara leur vie, on éprouve une pénible oppression, semblable à celle que causerait la vue d'un être délicat soumis à un supplice grossier. Il y a au fond de notre âme tant d'élémens de pureté et d'élévation que la nature est visiblement contrariée dès qu'on l'excite à s'avilir, et la nôtre surtout alors est bouleversée et perdue. Un homme dépravé peut encore appliquer à quelque chose les qualités qui lui restent ; la vie lui offre mille chances ; dans la politique ou la guerre, par les sciences ou par les arts, il sait échapper au poids de de son immoralité, mériter même des éloges, se faire une part de renommée et quelques belles illusions ; dans l'éducation, à défaut de la vertu, on peut lui enseigner l'honneur; mais rien de tout cela pour une femme ! Dérobée à sa destinée, enfermée dans un cercle étroit, forcée d'y demeurer et de s'y perdre, elle y languira sans repos, elle vivra sans bonheur et mourra sans dignité.

Combien furent donc à plaindre ces faibles créatures séparées de leur mère à leur naissance, reléguées ensuite dans un triste cloître où une religion sans lumières n'associait point leur âme aux minutieuses pratiques qu'on exigeait d'elles ! Décorées à peine de quelques légers talens, dépourvues de toute justesse d'esprit, elles rapportaient dans le monde une tête vide et active, une ignorance sur tous les devoirs, une imprévoyance de tous les dangers, et surtout une ardeur insensée pour l'indépendance. Telle il faut se représenter une pauvre jeune fille de cette époque, à sa première apparition dans la maison paternelle [1]. Il me

[1] On peut voir, dans un écrivain déjà cité, un tableau vrai de cette éducation des filles, commencée dans les couvens et terminée par les philosophes. « Voilà donc les filles, dit Bernardin de Saint-Pierre, jetées dans le monde, ornées de tout ce que leur a donné une éducation si fausse,

semble la voir au sortir de son couvent, contrainte dans ses mouvemens, soit qu'elle doive parler ou se taire ; embarrassée plutôt que timide, garottée par cet étrange attirail dont la mode affublait une femme, pour attester, ainsi que tout le reste, la bizarre dégénération du goût. Elle va enfin connaître sa mère ; mais quel exemple présentera à cette innocente victime de l'usage l'intérieur d'une famille, où elle ne trouvera de commun qu'un même nom porté par deux personnes absolument étrangères l'une à l'autre ! Que devra-t-elle conclure de ces deux vies si complétement séparées, de ces intérêts, de ces liaisons presque toutes différentes ? Quels conseils osera lui donner cette mère peut-être incertaine pour elle-même entre un passé qui la trouble et un avenir qui l'effraie ? que lui dira-t-elle du mariage, soit qu'elle l'ait accepté pour son compte sous les conditions du temps, soit qu'elle ait souffert secrè-

si contradictoire, si incohérente. Elles aiment les étrangers et haïssent leurs parens ; elles ne veulent du mariage que les plaisirs de l'amour, et rejettent les devoirs de la maternité. Austères dans leur morale, et voluptueuses dans leur conduite, elles parlent toujours de la vertu et cherchent sans cesse le plaisir. Au reste, sans principes et sans plans, elles ne connaissent dans la société d'autres devoirs que les visites et le jeu. »

tement des désordres qu'on lui a prescrits? Sans doute elle gardera tristement le silence que l'on garda avec sa jeunesse, et, craignant également d'éclairer ou de corrompre sa fille, elle abandonnera au hasard le soin de sa destinée.

Cependant l'imagination de celle-ci s'élance avidement vers ce qu'elle entrevoit. Elle attend avec impatience la venue de l'être inconnu auquel elle devra la liberté de vivre comme il lui plaira. Il paraît enfin, on le lui montre, et c'est tout. Liée peu après par une cérémonie dont la bruyante étiquette lui déguise la gravité, à peine rappelée fugitivement à une pensée religieuse; combien peu lui faudra-t-il de temps pour s'apercevoir que son cœur n'a point été consulté! Si au contraire elle a cédé au jeune penchant qui l'attirait vers l'époux que lui donna le hasard, que fera-t-elle du développement de tant de facultés aimantes peut-être accueillies d'abord par un caprice, repoussées bientôt par l'odieuse coutume que consacrent à la fois les opinions fortes et les mœurs frivoles du temps? C'est bien alors que le tumulte des passions et l'incertitude des principes livrent un combat sans proportion avec les forces de celle qui l'éprouve. Je n'ai pas le courage de pousser plus loin une semblable peinture. Qu'on se figure, on le peut, le sort de la femme qui ne fut point fille, qui n'est point épouse et qui ne sera point mère. Telles étaient pourtant celles que célébraient nos poëtes et que l'Europe enviait à la France. Telles étaient celles dont Voltaire se moquait, après les avoir chantées [1].

Les mémoires et les correspondances du dernier siècle ne prouvent que trop à quel point les principes des hommes les plus sérieux de cette époque conspiraient comme tout le reste à la perte des femmes [2]. Il au-

[1] Voyez un dialogue de Voltaire *sur l'éducation des filles*. (Tome 45, dialogue 12.)

[2] On verra par ce passage, tiré des lettres de Grimm, que je n'ai point chargé le tableau :

« Tous les défauts qu'on peut reprocher aux femmes » sont l'ouvrage de la société et surtout d'une éducation » mal conçue. Doit-on s'étonner en effet de les voir artifi- » cieuses, hypocrites et rusées, lorsque tous nos soins ten- » dent à leur inspirer et à nourrir en elles des sentimens » que les injustes lois d'une bienséance chimérique leur » ordonnent de cacher sans cesse? Partagées entre ces senti- » mens autorisés par la nature et les usages qu'une cou- » tume bizarre a érigés en devoirs, comment se tireraient- » elles d'un labyrinthe où ce qui est réel et naturel est sa- » crifié à ce qui est imaginaire et factice? Aujourd'hui une » femme jetée dans le monde dont elle ignore les dangers, » saura-t-elle comment s'y prendre pour démêler ce qui est

rait fallu qu'elles se défendissent des doctrines erronées en même-temps que des pernicieux exemples. On ébranlait leur croyance, on les pénétrait de préventions. Une foule de livres usuels mettaient les argumens du doute à leur portée. Un nombre infini d'ouvrages agréables, une poésie légère ou passionnée, des romans

» de l'essence de la vertu et de l'honneur, d'avec les pré-
» ceptes de ces devoirs imaginaires dont on a bercé son
» enfance? Reconnaissant bientôt la futilité de ces derniers,
» ne risquera-t-elle pas d'étendre le mépris qui leur est dû
» jusqu'aux vertus les plus indispensables? A force d'avoir
» senti les entraves, elle ne connaîtra plus de bornes; et,
» confondant les devoirs réels avec des pratiques arbitrai-
» res, en substituant ces dernières aux premiers, elle se
» trouvera perdue avant que d'avoir pu faire la première
» réflexion sensée. Comment, au milieu de ce trouble,
» échappera-t-elle à la séduction des hommes? Du moment
» qu'une jeune femme entre dans le monde, tout conspire
» contre elle et contre sa vertu. On dirait que toute la so-
» ciété est intéressée à sa perte, et ce n'est que par le plus
» grand des miracles qu'elle pourrait échapper aux piéges
» tendus de tous les côtés à sa simplicité et à son innocence.
» Ordinairement elle hâte sa perte à proportion que son
» cœur est bien né, droit, sensible, et sa ruine devient iné-
» vitable, si elle n'est pas initiée de bonne heure dans toutes
» les ruses de la méchanceté des hommes, et dans les mys-
» tères du vice qu'elle n'aurait jamais dû connaître. Quand
» on réfléchit de bonne foi sur les malheurs inséparables de
» cette situation, bien loin de dire du mal des femmes, on
» est tenté de croire qu'elles sont généralement beaucoup
» mieux nées que les hommes. »

licencieux échauffaient leur imagination, excitaient leur esprit, énervaient leur cœur. Dans le monde elles trouvaient le vide et l'immoralité; y cherchaient-elles le plaisir de la conversation, il leur fallait entendre discuter jusqu'à la réalité du devoir, jusqu'à l'existence de Dieu.

Cependant les arts, que le faux goût pervertissait aussi, en se répandant davantage, en servant le luxe, ajoutaient à la mollesse de la vie. Les jouissances de la fortune, le besoin d'en acquérir, les facilités de la dépenser augmentaient de plus en plus. Ce fut par cette union de toutes les corruptions élégantes, de tous les agrémens destructeurs, que la société fut conduite à la terrible catastrophe qui devait lui donner une si grande leçon.

CHAPITRE V.

Suite du précédent. — Des femmes pendant la révolution.

J'AURAIS bien voulu ne point m'arrêter sur cette grande et fatale époque dont le souvenir seul excite tant de passions et réveille tant de haines. J'essaierai du moins d'éviter ce qu'on appelle surtout la politique; je ne parlerai de la révolution que pour montrer l'influence qu'elle a exercée sur la situation des femmes et sur leur esprit.

Il est juste et nécessaire d'observer que plusieurs années avant qu'elle éclatât, le reflet des vertus de Louis XVI, le tardif et dernier progrès de la raison, un commencement d'expérience, quelques livres prophétiques avaient déjà produit sur les mœurs un salutaire effet. Rousseau avait rangé les mères de son parti; la seule présence d'un enfant dans l'intérieur d'une famille y répandait un air plus pur, et corrigeait du moins les époux de l'ostentation du vice [1].

La révolution trouva l'esprit des Français aux prises avec une singulière situation : une impulsion créatrice le poussait en avant, tandis que mille formes gênantes, reste d'un passé mourant, les contraignaient à s'arrêter encore. Cette opposition entre la vigueur des idées et la décrépitude des choses mit l'esprit, même chez les femmes, dans un véritable état de crise. Il se montra tout à coup plus capable de profondeur, en conservant toutes les apparences de la frivolité. C'était une nécessité du moment, une transition de la génération présente à celle qui allait s'emparer de la scène, une dernière condescendance du siècle qui s'ouvrait pour celui qui allait finir.

A cette époque de décadence et de début, il fallait encore commencer par amuser pour obtenir d'être écouté; mais de l'obligation imposée par la mode de tout faire avec grâce et même légèreté, il résulta que dans la plus importante entreprise, le débat s'ouvrit presque autant sur la forme que sur le fond des idées,

[1] Vers cette époque, il commença à paraître quelques ouvrages propres à l'éducation des filles; l'usage de les mettre au couvent ne fut plus si généralement observé.

et les premiers intérêts de l'ordre social, la politique, la morale, la religion qu'il s'agissait de faire ressortir des débris de tout ce qui croulait, faillirent être pris pour des sujets de discussion littéraire, comme la querelle des deux musiques qu'on venait d'abandonner.

Rappelons ce qui a été dit plus haut, car il ne faut jamais craindre de trop prouver lorsqu'on attaque les mœurs passées de la patrie. Cette grâce de l'esprit qui s'est appelée la légèreté française et dont nous avons prétendu long-temps faire le premier de nos mérites, est devenue le plus grand de nos défauts, dès qu'on s'est vu forcé de lutter sans rémission avec les choses graves de la vie. Depuis près de cent ans surtout, l'habitude d'entrer étourdiment dans ce qui se nommait un état était devenue générale; il en fallait choisir un qui soutînt ou décorât l'existence; personne ne s'embarrassait de la manière dont il serait exercé. J'ai encore vu dans mon enfance des magistrats disputer d'élégance et de futilité avec les gens de cour : je ne rappellerai qu'en passant l'étrange attitude qu'avaient prise dans le monde certains hommes d'église.

Le gouvernement absolu sous quelque forme qu'il se manifeste, en isolant les citoyens, les excite à l'égoïsme; et, quand son autorité se fait sentir avec douceur, ils ne songent plus qu'à embellir, comme il leur plaît et selon la mode, leur position devenue purement individuelle. Ils y font concourir les femmes, et, dès qu'elles ont donné aux choses précisément les proportions qui sont à leur portée, force est bien que les hommes s'y réduisent. Aussi avons-nous vu Rousseau dans son temps leur reprocher d'être souvent plus femmes qu'elles.

Un état de mœurs politiques qui privait la vie de tout intérêt élevé et général, mais qui laissait la liberté de parler de tout, dut contribuer chez un peuple causeur à développer le goût et le talent de la conversation. Aussi la France a-t-elle été la scène où l'on a toujours su le mieux exploiter l'échange des pensées par le choix élégant des mots. Au moment de la révolution, la conversation était la grande affaire des Français. Il se pourrait que cet art (car c'en est un) éprouvât dans la suite parmi nous quelques changemens. Un entretien agréable qui porte sur des riens, ou qui même quelquefois convertit en riens les choses sérieuses, sera moins à l'usage des hommes désormais plus fortement occupés. On a cité ce mot de Bacon : « La conversation n'est pas » un chemin qui conduit à la maison, mais un » sentier où l'on se promène au hasard avec » plaisir. » Il faut prévoir que les hommes, plus citoyens, et les femmes, d'abord épouses et mères, pourront bien avoir fréquemment besoin de ne pas trop s'écarter *de la maison.*

Une femme qui n'était épouse que de nom, mère sans enfans, puisqu'elle ne les élevait point, maîtresse d'user son temps à sa fantaisie, devait avoir de grands avantages dans cette lutte oisive et brillante. Il ne fallait pas une instruction bien étendue pour savoir tenir un cercle, relever un entretien prêt à tomber, parler à chacun de ce qui pouvait le faire valoir. Ce talent fut long-temps pour les femmes la source de leur plus grande importance, l'objet de leur émulation la plus ambitieuse. Que leur fallait-il pour y exceller ? Une légère notion des choses, une grande prestesse à saisir le côté inattendu d'une pensée ; cette adresse qui déguise l'ignorance au moyen d'un bon mot, en se réservant le droit de la confesser dans un autre moment avec une naïveté qui la rend charmante ; voilà ce qui suffisait au succès d'une soirée, et pendant un temps la vie des femmes à Paris (et Paris réglait la France) ne se composa que de soirées. Quand la révolution vint surprendre une société ainsi préparée, on ne la prit d'abord que comme une occasion nouvelle de causer : nombre de personnes crurent alors que tout *allait se passer en conversation*.

Le combat, entre les opinions, s'engagea d'abord au grand amusement de tous; nous voyons encore des gens tous pleins du souvenir qu'il leur a laissé, avouer que ce temps de discussions légères sur des matières si importantes, fut le plus heureux temps de leur vie [1]. Une brillante critique, échauffée cette fois par l'enthousiasme qu'inspiraient de généreux systèmes, fécondait l'esprit, agrandissait les idées, créait des formes nouvelles pour les énoncer, et donnait à la parole un charme et un succès qui l'encourageait à tout oser. Depuis long-temps on avait pris l'habitude de réduire les révolutions politiques à des révolutions de cour et de salons. L'audace des pensées croyait pouvoir s'exprimer sans ménagement chez une classe de personnages sans lien avec une nation qu'ils ignoraient. Leur conscience n'était point intéressée, car dans

[1] Je l'ai ouï dire à M. l'abbé de Montesquiou.

le fond la plupart d'entre eux eût mieux aimé conserver ce qu'il était si amusant de blâmer, que de fonder ce qu'on aurait été contraint de défendre. Les plaisirs de l'esprit enivraient la raison; distraite sur la route, elle se détournait du but; personne n'éprouvait grand souci de l'atteindre. Mais, pour cette fois, la prétention de la société fut trompée, le privilége de la critique s'échappa du domaine de la conversation, et le pays qui souffrait réellement du désordre qu'on attaquait dans une intention trop peu patriotique, prit au mot la censure qu'on croyait un droit exclusif des seuls soupers de Paris.

Cette dédaigneuse étourderie a été, je crois, la première source de nos désastres. Le peuple, non pas précisément opprimé, mais malheureux, faisant enfin la découverte du mépris qu'on épanchait à plaisir sur les pouvoirs auxquels il attribuait ses maux, se crut autorisé à fronder aussi à sa manière : son langage à lui c'est la révolte, sa critique est la destruction. Dès qu'il eut entendu, il se leva pour agir, croyant répondre à un appel. On était si peu préparé à ce mouvement, que ses partisans les plus zélés en furent troublés; et dans cette terrible cause, on pourrait dire que l'avocat recula épouvanté dès qu'il fut en présence de son client.

Je ne prétends pas au courage d'entrer dans aucun détail, de retracer ces redoutables méprises qui, presque sans interruption, poussèrent toute une nation hors du chemin qu'elle s'était d'abord ouvert. Le plus mauvais effet de ses fautes fut de la décourager; bientôt on se fut tant égaré qu'on n'osa plus marcher. Le mouvement des idées, l'activité des recherches, s'arrêtèrent; la terreur et la honte s'emparèrent tellement de l'esprit humain, que la vérité même n'eût osé se montrer sans confusion. Le génie seul pouvait jeter quelques lueurs au milieu de cette désolation; car, en subissant les temps, il sait analyser sa souffrance pour en découvrir le remède : il se dévoila dans quelques écrits. Alors surtout ceux d'une femme immortelle tentèrent de ranimer l'espérance, en nous retraçant nos fautes et nos passions. Mais, toujours méconnue ou captive, Cassandre inspirée n'avait pu sauver les vaincus; elle ne put éclairer les vainqueurs.

Toutefois, les terribles effets d'une révolution si grave, commencée si peu gravement, donnèrent une forte secousse aux âmes; et quand les âmes sont ébranlées, quelles que soient les fautes, l'expérience n'en est pas absolument perdue. Aussi a-t-on vu, au bout de très-peu de temps, les femmes rendues à la nature déployer des vertus dont on ne les eût pas crues capables. Soit en France, soit au dehors, elles ont excité l'intérêt par leur dévouement, par leur intelligence à surmonter une pauvreté inattendue, à faire briller un rayon de bonheur là où sans elles on n'eût trouvé que détresse et découragement. C'est aux femmes surtout qu'on doit le changement heureux qui s'est opéré dans les mœurs françaises. En présence du danger, redevenues mères, filles, épouses, elles ont oublié les délaissemens, pardonné les trahisons, accepté la communauté du malheur, et par-là redonné de la puissance à des liens qu'elles reconnaissaient pour sacrés dès qu'il fallait mourir ensemble.

Depuis cette époque, on a pu observer dans notre nation, et chez beaucoup de femmes, une disposition plus réfléchie qui préparait un retour aux idées morales et religieuses. Le malheur en réveillait le besoin au fond des cœurs, et la persécution aussi odieuse qu'absurde qui s'acharna contre les croyances pieuses, eut au moins ce premier effet d'inspirer un grand dégoût pour toutes les licencieuses moqueries qui l'avaient préparée.

A la suite de nos calamités, si l'expérience eût porté sur-le-champ les Français vers cette forme de gouvernement qu'elle vient enfin de leur donner, je ne doute point que les femmes, préparées pour le devoir par la souffrance, n'eussent accepté avec empressement la direction qu'elles doivent maintenant recevoir de l'influence du nouvel ordre de choses. Mais toutes les phases du mal n'étaient point parcourues : une situation plus calme, presque aussi dénuée de morale, vint remplacer un sanglant désordre, et la position des femmes se trouva encore une fois compromise et faussée. La tradition des usages était rompue, les bienséances annulées, l'opinion muette, la société dispersée; chacun se voyait forcé de créer une règle de conduite selon son inspiration ou son goût particulier. Une classe nouvelle subitement corrompue, mise tout à coup en évidence par la seule rapidité de la fortune, dissipa l'effet d'une douloureuse expérience en se jetant dans les ostentations rajeunies d'un luxe effréné. Pour détourner de pénibles souvenirs, les femmes coururent inconsidérément au plaisir: ainsi elles affaiblissaient les impressions salutaires qu'elles avaient éprouvées; ainsi de rigoureuses leçons menaçaient d'être vaines. Cependant, comme ces douleurs vagues que nous laisse la maladie, un sentiment pénible se reproduisait souvent au milieu des joies de la société convalescente. On essayait, mais on n'était pas maître d'oublier sitôt la terreur : ses traces récentes se retrouvaient jusque dans les fêtes [1], et les amusemens qu'on recherchait avec ardeur faisaient naître inévitablement une réflexion triste, puisqu'il fallait bien les considérer comme une conquête faite sur la mort présente et redoutée si long-temps.

La société se voyait partagée en deux classes qui agissaient vaguement l'une sur l'autre par cette influence qui ne peut jamais s'effacer tout-à-fait en France, celle de la mode, que l'on observe sans regarder qui l'a donnée. Les nouveaux riches voulaient gagner subitement les avantages qu'une éducation soignée avait laissés aux privilégiés d'un autre temps :

[1] On sait que vers ce temps il s'ouvrit un bal public qu'on appela le *bal des victimes*, ouvert aux familles de ceux que le tribunal révolutionnaire avait frappés; on n'y portait que des habits de deuil dont la couleur devint à la mode quelque temps, même dans les autres bals. N'est-ce pas une fidèle image de l'époque que toute cette société qui dansait en noir?

ne pouvant aller aussi vite sur tout le reste, ils se hâtaient d'acquérir à prix d'or ce qu'on obtient des arts, quand on peut payer ceux qui les pratiquent; d'un autre côté, les victimes appauvries des condamnations révolutionnaires supportant mal une position secondaire, s'efforçaient de reprendre rang parmi leurs remplaçans. De là cet essor donné aux talens qui depuis s'est toujours accru : peut-être faudra-t-il bientôt songer à diminuer la part qu'on leur fait dans l'éducation, car il semble que la vie de la jeunesse est bien courte pour en consacrer une si grande portion à la perfection de la voix ou du maniement du pinceau.

Quoi qu'il en soit, la révolution était encore pour nous comme une effrayante tragédie, dont notre émotion nous empêchait de saisir la moralité : la leçon était donnée, mais n'était pas comprise. Du temps seul, la société attendait ses lois, et la jeunesse son éducation : c'est pourquoi celle des filles ne fit pas alors tous les progrès que leur promettaient l'expérience et le malheur. Les mœurs étaient devenues plus naturelles, les relations intimes plus affectueuses; la mère et la fille se montraient partout ensemble. On ne rougissait plus dans un ménage de se connaître ni même de s'aimer; au sein des familles, le cœur plus à l'aise finissait quelquefois par se féliciter des revers auxquels il devait sa liberté. Que des réflexions solides, des principes religieux, une opinion publique qui malheureusement ne se forme qu'avec peine là où les institutions sont vacillantes, que tous ces appuis de la raison se fussent unis à cette révolution touchante des sentimens, et les femmes auraient vu fixer leur sort selon le devoir et le droit.

Il faut dire, à leur justification, combien de difficultés présentait une si complète réforme. Dans les temps de dissensions civiles, la politique, en déterminant l'attitude de la société, influe directement sur les individus. Les hommes n'étaient pas non plus alors très-éclairés sur leur avenir, ni même sur un présent qu'ils exploitaient sans le bien juger. On ne savait plus quel gouvernement désirer : les passions générales, les convictions systématiques, semblaient avoir disparu des affaires publiques, on n'y était plus guidé que par l'intérêt ou l'habitude; la France, en un mot, ne savait plus que penser. Comment les femmes auraient-elles été plus décidées? Que peut le plus faible, quand le plus fort est incertain?

Les femmes n'étaient plus les Françaises

d'autrefois; le malheur ou le spectacle du malheur avait ranimé leur sensibilité, exalté leur imagination; elles étaient devenues sinon beaucoup plus raisonnables, du moins plus sérieuses. L'habitude des privations les avait ramenées à chercher dans les sentimens leurs consolations et leurs jouissances; le besoin de l'émotion avait remplacé pour elles celui de l'amusement; l'affection, sinon la vertu, leur avait fait connaître le sacrifiee. Du sérieux, de l'imagination, de la sensibilité et point de principes, voilà les conditions du genre romanesque : il devint le genre de l'époque. Si la vie des femmes ne fut pas encore très-régulière, du moins elle prit quelque gravité : le besoin d'excuser un écart par une passion prouve du moins qu'on a la conscience d'une faute, et que l'on a cessé de ne voir dans la destinée d'une femme qu'une partie de plaisir.

La littérature fait foi de ce changement. Elle fut riche en romans; la plupart furent écrits par des femmes. Ce genre de compositions faciles qui admettent le vague dans les sentimens et l'hésitation dans les croyances, ces confidences d'un cœur agité qui tout à la fois se passionne et s'interroge, et qui ne connaît point d'autre alternative que le doute ou l'entraînement, convenaient sans doute à une époque d'incertitude et d'oisiveté, où l'absence de traditions et d'enthousiasme, de respect pour le passé et de foi dans la nouveauté, n'avait laissé à l'existence ni règle ni but assuré. Dans un temps de passage, les esprits trouvent encore plus d'appui et de certitude dans des fictions que dans les réalités. Trompé par les événemens, on se fie plus à ce qu'on imagine, qu'à ce que l'on voit. Cette disposition d'âme qui s'étendait aux femmes, devait donc tourner au profit de ces sortes d'ouvrages qui font, ainsi que l'a dit madame de Staël, une transition entre la vie réelle et la vie imaginaire. Elle-même écrivait Delphine, mais un roman de madame de Staël devait se ressentir de cet ébranlement fécond que la révolution donna à son génie, particulièrement doué pour comprendre, aver-vertir et prophétiser son siècle. Delphine est plus qu'une aventure intéressante, plus qu'une peinture de caractères ; c'est une vue de la société. Elle nous y montre, avec une suite qui découvre une grande intention, le danger des sentimens les plus élevés, lorsqu'ils se dressent trop brusquement contre les opinions ou les coutumes régnantes. Des peuples entiers pourraient profiter à ces leçons réduites en apparence à la mesure d'une seule vie et qu'une simple et pauvre femme reçoit de l'expérience et du monde. Mais il semble que la générosité de madame de Staël lui dicta de se montrer plus sévère envers elle-même et son sexe, qu'elle ne l'eût été pour une nation. Delphine succombe victime de son téméraire enthousiasme, de ses imprudentes vertus; mais les hommes, mais les nations sont averties que moins faibles et moins dépendantes, elles ne périront pas si leurs maux les éclairent, et qu'elles déposséderont plus impunément de puissans préjugés, pourvu qu'elles sachent les remplacer par des principes.

Écrits avec plus ou moins de talent, les romans des femmes ont offert un caractère commun depuis la révolution : vous n'y trouverez plus l'élégance régulière de madame de La Fayette, la recherche brillante de madame Riccoboni. On ne s'y amuse plus à décrire les mœurs fugitives d'une société évanouie, mais on peint des sentimens exaltés aux prises avec des situations fortes. Au sein de ces productions quelquefois bizarres et trop passionnées, vous démêlez le germe d'une morale renaissante ; car, après tout, l'égoïsme des passions vaut encore mieux que celui des intérêts vulgaires et des plaisirs positifs. Quelque chose de religieux s'y allie au désordre du cœur, et les émotions de la vertu se retrouveraient plus, j'ose le dire, dans les romans de madame Cottin que dans la Nouvelle-Héloïse elle-même. Rousseau, tout Rousseau qu'il était, sacrifia à son siècle. La sagesse de Claire se ressent de cette insouciance philosophique qui sied mal aux femmes, et qui d'ailleurs les préserve médiocrement.

Disons-le sans crainte, la révolution a eu sa morale, car elle a remis en valeur les idées sérieuses, et c'est aussi un genre de restauration qu'il ne faut pas dédaigner. La raison des femmes y a gagné, il serait par trop pénible de la voir retomber encore ; c'est bien assez que deux fois elle ait failli nous donner ce triste spectacle. Après le temps qui suivit la terreur, elle pensa succomber de nouveau sous l'influence du pouvoir absolu. Lorsque dans sa défiance il s'efforçait de ramener les hommes à des intérêts purement individuels, lorsqu'il ranimait par calcul les sèches prétentions d'une vanité surannée, lorsqu'il se défendait si savamment des tentatives de l'indépendance de la pensée, il risquait de replonger la société française dans le désœuvrement et la personnalité : quand les hommes sont oisifs, les femmes sont puissantes, et leur puissance les corrompt. Ainsi l'ennui eût de nouveau banni la morale.... mais le temps manqua heureusement. D'ailleurs les dangers de la guerre, exposant sans cesse les jours de ce qu'on avait de plus cher, tinrent en haleine la nature et l'amour : cruellement froissées, l'une et l'autre firent enfin résistance, et la plainte des mères et des épouses fut le premier cri de la liberté.

Aujourd'hui une route droite et paisible est offerte aux femmes; franchement, le passé les a trop souvent compromises pour qu'elles s'obstinent à le regretter. Je dirai ailleurs l'opposition que quelques-unes semblent mettre à la destinée qui les appelle, et l'erreur qui les abuse encore sur la différence des choses par la ressemblance des noms. Je retracerai les petitesses, les répugnances qui les retiennent, les bons sentimens même qui les égarent. Enfin je peindrai sans aigreur, mais parce que je l'ai vu, l'animosité des souvenirs, le dépit de l'impuissance, la méprise d'une piété détournée de son but, et les affections les plus sacrées, les respects les plus légitimes remplacés par des haines sans fondement et des prétentions sans droit [1].

Les révolutions remuent tout dans l'humanité, le bien et le mal y figurent tour à tour. Les hommes y sont si puissamment dominés par les événemens, qu'ils s'y devraient quelque pitié les uns aux autres; je comprendrais mieux dans ces temps d'orage l'excès de l'indulgence que les jugemens implacables. Quand les femmes au contraire s'y arrogent le triste métier de haïr et de condamner toujours, il ne faut pas qu'elles se plaignent, si les hommes fatigués s'écartent pour respirer loin d'elles et de leurs petites passions.

Avouons-le avec douleur, en France, depuis quelques années, par la plus triste aberration de notre nature, il semble que nous nous soyons fait un droit de professer la haine. Nous y avons excité les hommes, à peu près comme autrefois quelques-unes leur imposaient le duel, dont les dangers ne nous

[1] Tout ce qui est annoncé ici ne se retrouve point dans l'ouvrage; on sait qu'il n'a point été fini.

(*Note de l'éditeur.*)

atteignent jamais. Le regret d'un pouvoir expiré, l'activité de l'imagination tant exercée depuis trente ans, l'ennui d'un état encore incertain nous ont jetées dans cette opposition vraiment funeste, puisqu'elle gâte le cœur, altère la raison, et nous rend moins aimables et moins aimées. Ce travers a été trop général pour que nous n'en ayons pas supporté, toutes, la pesante solidarité. Il n'existe pas une femme qui ne convienne, aujourd'hui, si elle est sincère, que son attitude est pénible et gênée au milieu de la société. Si se plaindre ou quereller suffisait pour gagner une cause, sans approuver ce moyen, je concevrais qu'on s'y entêtât ; mais il y a déjà long-temps que nous querellons, et chaque jour le procès me semble moins près d'être gagné. Un pays ne change pas toutes ses institutions, sans qu'il en résulte une réforme dans ses mœurs. Rousseau a dit que là où les hommes étaient plus occupés, les femmes devaient renoncer à se mêler de tout, et se préparer à une vie de retraite. L'arrêt peut être dur sans doute, mais j'ai peur qu'il ne soit guère possible d'en appeler.

CHAPITRE VI.

De la destinée prochaine des femmes.

Nous touchons au temps où tout Français sera citoyen, c'est-à-dire qu'il unira la pensée de ses obligations envers la patrie, à presque toutes les actions importantes de sa vie. Autrefois cette patrie se représentait dans la personne du roi; lui obéir, lui plaire, était le premier devoir, le seul presque de cette classe privilégiée qui avait l'honneur de l'approcher; mourir pour lui, s'il le fallait, était l'engagement de tous. Mais ces obligations, imposées d'avance aux sujets, devaient laisser la plupart d'entr'eux indifférens aux actes de l'autorité dont ils vivaient écartés; et par la raison même que, depuis nombre d'années, la puissance de nos rois s'exerçait avec douceur, leur influence ne se faisait sentir que dans un cercle fort resserré. La monarchie française laissait inerte cette portion de l'esprit qui voudrait au moins participer par la pensée à l'action du gouvernement.

Peu à peu des besoins nouveaux firent naître une curiosité plus vive; on voulut tout connaître, puis tout juger. On sollicita d'abord, plus tard on exigea des explications; et dès lors toute loi, toute coutume même qui ne sut pas justifier des raisons de son existence, fut frappée de discrédit et destinée à disparaître bientôt sans retour.

Cette *inquisition des pourquoi* a été sans doute poussée à l'extrême; elle osa s'attaquer à Dieu même, qui répondit en lançant le désordre partout où l'incrédulité voulait s'arroger un droit. La résistance immuable n'appartenant qu'à lui seul, la royauté fut un moment renversée; mais elle s'est relevée, forte des violentes épreuves auxquelles elle a été soumise. Le sentiment qu'on portera au roi, désormais, quoique d'une toute autre nature, ne sera ni moins dévoué ni moins flatteur. On a appris à le regarder comme la clef de l'édifice reconstruit; la puissance de l'intérêt commun, évident pour tous, imprimera peu à peu ce respect et cette reconnaissance nécessaires à l'affermissement du trône; et bientôt chaque citoyen, actif sans agitation, retrouvera dans l'exercice de ses droits et son attachement au monarque, des occasions sans cesse renaissantes de concourir à la vie de la patrie.

On doit donc regarder la qualité de *citoyen* comme le vrai mobile de l'existence sociale de l'homme. La destinée d'une femme est à son tour comprise dans ces deux titres non moins nobles, *épouse et mère d'un citoyen.* Si en cette qualité, l'opinion publique lui accorde toute la considération qu'elle a droit d'inspirer, si son éducation est dirigée vers les moyens de l'obtenir, elle n'aura plus à se plaindre de son partage sur la terre.

Tous les mérites des femmes sont en valeur, dès qu'elles éprouvent de l'intérêt; comme en général il leur manque la force qui fait agir dans un but éloigné ou pour un succès douteux, il faut qu'un sentiment prédominant, qu'elles portent même facilement jusqu'à l'enthousiasme, leur procure d'avance le prix dont elles ont besoin pour ne pas se décourager. Cette disposition de leur nature montre à quel point elles sont faites pour la vie intérieure qui leur présente des occasions faciles et des récompenses prochaines. Créatures faibles et toujours un peu agitées, ce qui dépend d'un avenir lointain, ce qui ne peut réussir qu'à de grandes distances, effarouche et désespère leur pressante imagination. Mais qu'on les place là où elles deviendront le conseiller soumis de celui qui agit, on verra de quel développement et de quelle sagesse leur intelligence est capable. En un mot, pour que les femmes soient moralement utiles à la société, il faut qu'elles y trouvent une situation où leurs mouvemens demeurent en proportion avec leurs forces.

D'un tel ordre ressortirait encore un avantage : c'est que toute évidence personnelle à la femme lui serait interdite. L'influence du conseil lui resterait seule; elle est naturelle, et peut souvent être utile. Mais le cercle où elles doivent demeurer et se mouvoir, se trouverait tracé irrévocablement, et celle qui tenterait d'en sortir se verrait vouée au ridicule, sans moyen d'y échapper. Les gouvernemens libres appellent les hommes à un grand nombre de réunions. Quelle importance conserveraient leurs décisions, si l'on y pouvait apercevoir l'influence d'une femme? Notre mission sociale nous laisse au rang de spectatrices attentives et intéressées des événemens auxquels d'un moment à l'autre peuvent prendre part un mari ou un fils. Supposons la vie politique une grande partie de jeu dont les règles auraient été déterminées d'avance, et dont le gain serait employé pour l'utilité du plus grand nombre : eh bien, la femme n'y devrait jamais *tenir les cartes ;* sa place serait auprès du joueur pour l'avertir, lui montrer une chance inaperçue, partager son succès, le consoler surtout, si la fortune lui manquait. Ainsi tout ce qu'elle aurait de bon serait occupé, tout ce qu'elle aurait de faible ne commettrait aucun enjeu. . . . .

Il ne faut pas conclure que je veuille réduire les femmes à la condition d'une humiliante oisiveté. Bien loin, dans la situation où je les conçois, jamais elles n'auraient pu sentir, penser, agir avec plus d'intérêt et de vivacité. Il est souhaitable que toute occasion de manége et d'intrigue leur soit interdite; mais de l'intérieur de la maison elles seront attentives aux choses importantes qui se passeront au dehors ; elles y appliqueront leur intelligence et leur sollicitude, afin de suivre, de seconder toujours le compagnon de leur vie. « Les hommes même » qui ont toute l'autorité en public, dit Fénélon, ne peuvent par leurs délibérations établir aucun bien effectif, si les femmes ne » leur aident à l'exécuter.

J'en appelle à la conscience des femmes: n'est-il pas cent fois plus honorable d'exercer pour ainsi dire légalement des droits reconnus, mais sagement limités, que de payer de la considération et souvent de la vertu une usurpation toujours disputée? Avouons-le sans détour, depuis long-temps ce n'était plus guère que sur l'empire de l'amour que les femmes parvenaient à fonder le leur, et quel amour encore! la plus indépendante des passions s'était soumise à la tyrannie de la coutume, au caprice de la mode. Mais la supposât-on débarrassée de ces avilissantes entraves et complétement rendue à elle-même, il faudrait convenir encore qu'elle ne peut occuper qu'une portion assez courte de notre vie; qu'elle entraîne à sa suite mille mécomptes, et qu'elle entretient en nous une sorte d'égoïsme déguisé sous les apparences de la préoccupation d'un seul objet. Serait-il donc si mal conçu le plan d'éducation qui, sans nous déposséder de l'amour, nous assurerait les moyens de connaître et d'inspirer un sentiment moins orageux, naturel à tous les âges, honorable dans toutes les circonstances, parce qu'il s'appuierait sur un fondement moral, sur un dévouement que la vertu ne désavouerait pas? Ce sentiment admet, il exige que les femmes ne soient pas tout-à-fait étrangères par l'esprit aux intérêts sérieux dont se compose l'existence d'un homme. Une épouse doit se complaire dans la conversation d'un mari occupé des affaires publiques. Elle peut avoir d'elle à lui un avis sur son opinion s'il est membre d'une assemblée, sur son livre s'il est écrivain, sur son vote s'il n'est que citoyen ; elle doit entrer dans ses projets relativement au progrès de la science, de l'art ou du métier qu'il exerce. Éclairée et sensible, dévouée et prudente à la fois, presque toujours la raison s'applaudira de l'avoir consultée, et l'amour lui reportera une part du succès. Son affectueuse approbation affaiblira l'impression des jugemens légers ou sévères, et dévancera quelquefois aussi par l'enthousiasme, cette estime nécessaire que le plus juste n'obtient jamais des hommes aussitôt qu'il l'a méritée.

« Un esprit cultivé, dit Rousseau, rend seul » le commerce agréable, et c'est une triste » chose pour un père de famille qui se plaît » dans sa maison, d'être forcé de s'y renfermer » avec lui-même et de ne pouvoir s'y faire en- » tendre à personne. » Il en conclut, « qu'il » ne convient pas à un homme qui a de l'édu-

» cation de prendre une femme qui n'en a » pas. » Mais par suite du parti pris d'attaquer également et de tout point les méthodes reçues, il nous raconte que Sophie n'a jamais eu d'autres livres dans les mains que Barême, et qu'elle n'a lu une fois *Télémaque* que par hasard. Nous verrons ailleurs si en retranchant la lecture de l'éducation des femmes, on parviendrait à faire précisément de la Sophie de Rousseau ce qu'il veut qu'elle soit, ce qu'il dit qu'elle est. Il me suffit en ce moment qu'il reconnaisse nécessaire au bonheur d'un homme instruit que l'esprit de sa femme soit cultivé.

Mais à ce que dit Rousseau que le premier devoir d'une femme est de plaire à son mari, ajoutons qu'il faut encore qu'elle le serve, que ses connaissances la mettent en état de conserver le droit d'un avis dans toutes les décisions relatives aux intérêts de la communauté. Comment établir autrement cette touchante et morale solidarité du mariage?

Une disposition naturelle, et aussi leur situation, porte les femmes à l'observation du caractère de ceux à qui elles ont affaire. Dans l'union la mieux assortie, elles s'y seront appliquées long-temps avant que bien des maris y aient pensé. Même il se pourrait que, pour leur bonheur, les hommes n'y pensassent pas assez. Quoi qu'il en soit, une femme qui a su découvrir le secret des qualités ou des faiblesses de son mari, parviendra sans le blesser à l'avertir pour le bien de tous deux. Dans l'occasion, elle calmera son impétuosité ou pressera son indolence; s'il le faut, elle lui inspirera les vertus mêmes qui ne lui manquent qu'à cause d'elle; elle saura par exemple le préserver du repentir, en consacrant d'avance par un généreux consentement le sacrifice d'une situation brillante dont la perte n'afflige souvent un mari que pour sa femme ou ses enfans. Un père, placé entre son devoir et le bien-être de sa famille, pourrait être tenté de transiger; sa conscience et sa tendresse doivent être en repos, si l'amour maternel a accepté son sacrifice.

Mais, pour avoir ce droit, il faudra que la vie entière d'une femme ait répondu d'avance au souci d'une affection qui s'alarmait pour elle, que son jugement se soit montré habituellement sage, qu'elle ait su résister à des goûts dangereux, à l'entraînement de l'imagination; que, par l'habitude de l'ordre, l'intelligence de l'économie, ayant prévu les privations fortuites, elle se soit montrée capable de réparer la perte de la fortune, de régler les réformes qui doivent la suivre. Je ne sais pas de spectacle plus touchant, qui découvre mieux ce qu'il y a de beau dans le cœur humain, que celui d'un citoyen placé entre un sentiment patriotique, et les intérêts d'une famille digne d'être chérie : prêt à braver le malheur ou le danger, il hésite toutefois, mais non à cause de lui.... C'est alors que les paroles courageuses de sa compagne viendront terminer ses incertitudes. Ou le pouvoir de la vertu n'est qu'un rêve, ou dans un pareil moment elle donnera à deux êtres qui s'entendent, des émotions si supérieures, si pénétrantes, qu'elle les placera dans une région où le malheur ne porte pas.

C'est ainsi qu'une femme peut avoir sans inconvénient sa part d'action dans les chances sérieuses de la vie sociale. Elle y portera le charme qui s'attache toujours à l'union d'une faiblesse naturelle et d'un courageux dévouement. Notre devoir à nous n'est point de dissimuler nos efforts, nous ne perdons rien à laisser voir que la victoire nous ait coûté.

Il est assez inutile, je pense, d'insister sur ce que la tendresse et la raison d'une épouse peuvent offrir de consolations à cet homme, ainsi devenu pauvre et solitaire. Il n'est pas nécessaire non plus de la peindre associée par lui à l'évidence d'une situation publique. Qui ignore aujourd'hui comment une femme peut utilement aider son mari par sa manière d'accueillir ceux qui ont affaire à lui ? Qui n'a ressenti dans le monde l'influence de ce tâct, de cette politesse égale pour tous dans l'intention, différente dans les formes, selon les diversités de caractère, que nous démêlons toujours si vite et si finement ?

Mais pour conserver nos vrais avantages, il nous faut, je dois le redire, éviter soigneusement les usurpations. Elles ne sont honorables ni pour qui les tente, ni pour qui les supporte. Les droits n'ont pas de plus dangereux ennemis que les prétentions ; la légitimité est la base du repos des états et des ménages. Confidentes amies du projet d'un mari, nous ne pouvons convenablement agir que selon son ordre, et notre soumission, résultat du devoir et du sentiment, contente le cœur autant que la conscience. La plupart des actions des femmes s'exercent dans un cercle si resserré qu'elles ne peuvent guère s'enorgueillir que des motifs qui les ont inspirées ; les petites choses obligées donnent de médiocres satisfactions et de grands ennuis, il faut les relever par un sentiment tendre ou par une pensée sérieuse ; la liberté d'en disposer à sa fantaisie, ne vaudra jamais à la longue, pour une femme, le plaisir de les faire tourner au profit de celui qu'elle aime.

On objectera peut-être que les intérêts dont je viens de composer la vie d'une femme, ne sauraient se rencontrer que rarement. Mais, outre que les nouveaux systèmes de gouvernement doivent multiplier plus que nous n'en avons encore l'idée, les occasions favorables à ces intérêts, les femmes qu'un hasard particulier aurait appelées à donner de tels exemples, attireraient sur tout leur sexe une considération dont les plus obscures ressentiraient l'influence. Et puis, quelle que soit la destinée de chacun, qu'un homme ait à vivre désormais ou dans la capitale ou dans le fond d'une province, s'il est capable d'une industrie, il faudra qu'il se persuade qu'il est de quelque chose pour son pays, qu'il contribue à l'association par les bénéfices qu'il en recueille et les charges qu'il en supporte, et sa compagne aura toujours des devoirs graves ou touchans à remplir.

Le temps doit cesser où toutes les supériorités viennent se concentrer et se fondre dans Paris. Les hommes de la génération qui déjà s'éloigne, soumis à l'empire de l'habitude, aiment mieux y végéter mal à l'aise, y attendre je ne sais quelle chance douteuse, que d'essayer d'intéresser le reste d'une oisive existence sur un théâtre lointain et rétréci. Mais un jour le petit nombre des places, l'impossibilité presque absolue pour le gouvernement d'accorder des grâces arbitraires, l'embarras de mendier aux regards de tous des faveurs non méritées, écarteront peu à peu des entours du pouvoir cette foule de parasites, qui le mettent encore aujourd'hui dans la pénible alternative d'exciter la haine par ses refus ou le blâme par ses complaisances. Les hommes de Paris se souviendront enfin qu'il y a un pays en France, et qu'on peut s'y faire une vie intéressante en la rendant utile. On sentira que c'est une condition honorable que celle qui donne du repos et de l'aisance dans le champ de ses pères, et que la vertu, ainsi que d'innocentes faiblesses du cœur humain, peuvent trouver des encouragemens et des jouissances dans l'importance que donne une supériorité quelconque auprès des obscurs habitans des campagnes. On se dira que leur communiquer les consolantes clartés de la religion, exercer la bienfaisance, procurer des ressources à des intelligences comprimées par la misère, est un digne et actif emploi du peu de temps que chacun de nous passe ici-bas. Nous autres favorisés dans ce monde, nous semblons trop disposés à oublier que le pauvre a aussi une âme; nous lui souhaitons la crainte de Dieu, parce qu'elle l'oblige à nous laisser jouir en repos; et peut-être est-ce à nous, seulement à nous, qu'il sera demandé compte de son salut.

Parlons franchement, chez notre nation *prétendue catholique*, les premières notions du christianisme sont presque inconnues au plus grand nombre. Dans nos campagnes et même dans nos villes, l'artisan ignore l'Évangile; et ceux des hommes qui ont le plus éminent besoin de se consoler par la pensée de l'autre vie, sont précisément ceux qui apprennent le moins à l'espérer. Pendant nombre d'années, notre funeste exemple les égara; et maintenant, oubliant que leur misère morale est notre ouvrage, nous nous abandonnons au dégoût dédaigneux qu'elle nous inspire.

C'est en négligeant d'éclairer par la religion la raison du peuple, qu'on l'a rendue plus accessible aux préjugés destructifs de son repos.

L'esprit a besoin d'exercice ; et, à défaut de la vérité, il se saisit de l'erreur plutôt que de rester oisif. L'ignorance est sans doute préférable à l'erreur, mais tout vaut mieux que l'abrutissement. Toute espèce d'instruction morale ou religieuse manque aux dernières classes de la société ; un long temps bien employé, une extrême patience, beaucoup d'essais d'abord infructueux, pourront seuls ramener les gens du peuple à quelque réflexion sur leur existence et leur fin.

Naître, souffrir, mourir, est toute leur histoire,

a dit un poëte [1] ; il serait bon de les avertir qu'il y a quelque chose par delà, et de leur enseigner l'espérance et la foi. Que des femmes éclairées et charitables unissent leurs efforts dans les campagnes au zèle des curés ; une grande amélioration morale résultera d'une si salutaire entreprise [2].

[1] Delille.

[2] Je dois faire remarquer que ceci n'est point un souhait vague, sans résultat possible ; des exemples très-remarquables prouvent tous les jours en Angleterre avec quelle efficacité les femmes peuvent contribuer à l'enseignement religieux et moral des classes inférieures. Je rappellerai les travaux de madame Fry, et la société formée à Londres par des dames bienfaisantes, pour la réforme des prisonniers. (*Note de l'éditeur.*)

Si des champs nous rentrons dans les villes, et que nous veuillions y employer cette portion vive, agissante, souvent même exaltée de la sensibilité des femmes, il suffira de leur confier l'exercice de la bienfaisance. Qu'une administration régulière prescrive la forme dans laquelle les secours seront accordés aux pauvres (car rien d'utile sans méthode), et qu'ensuite elle en abandonne aux femmes la touchante distribution.

J'aurais peine à nombrer ici toutes les occupations intéressantes qui ressortent de ce titre d'*épouse citoyenne* dont il serait heureux que bientôt chaque Française comprît l'importance. Elles pourraient suffire à l'activité de toute une vie, et cependant nous n'avons rien dit encore des devoirs et des jouissances de la maternité.

A ce mot, tous mes sentimens se pressent comme pour prendre la place de toutes mes pensées. Au premier moment, la nature s'indigne et repousse l'idée que quelques institutions de plus ou de moins eussent le droit d'accroître ou de diminuer le dévouement d'une mère. Certes, l'amour maternel est le plus indépendant de tous les amours; nous aimons notre enfant, quel qu'il soit, quoi qu'il fasse; qu'il afflige ou contente notre amour-propre ; qu'il réponde à notre tendresse ou qu'il la souffre comme une gêne pour sa liberté ; qu'un fils écoute ou repousse sa mère ; qu'il la fuie ou la cherche ; il n'en domine pas moins son cœur ; il n'en est pas moins maître de sa vie.

Heureuse toutefois celle qui peut aimer ou plutôt montrer qu'elle aime, sans avoir à surmonter ces impuissans, mais douloureux obstacles ! Les dignes qualités d'un fils répandent un air serein autour de sa mère. Grâce à lui, elle regarde haut et loin sans embarras : son âme, qui n'est jamais agitée, ne cesse point d'être émue ; la confiance qui s'établit entre eux devient la plus douce des relations. Elle ne ressemble à nulle autre, toute composée qu'elle est de l'autorité et de la faiblesse, de la condescendance et de la force, qui dénoncent à la fois et la femme et la mère, et l'homme et le fils..... Oui, heureuse, cent fois heureuse, celle qui en a connu le charme !

Mais tout en respectant l'instinct de la maternité, comment ne pas reconnaître que certaines circonstances peuvent encore le compléter et l'ennoblir ? Cette compagne d'un homme public, si tendrement orgueilleuse de la réputation de son époux, désirera sans doute que son fils marche un jour sur ses traces; et c'est à elle d'abord que sera confié le soin de semer dans l'âme de ce jeune successeur le germe des sentimens et des opinions dont un père éclairé lui destine l'héritage. Portons-nous nos regards sur ce ménage solitaire dont j'ai aussi parlé; nous le trouverons décorant l'avenir du prestige de tous les succès que l'on souhaite toujours un peu pour soi, beaucoup pour son enfant. Le champ de l'espérance s'ouvre à l'imagination près du berceau d'un fils, et je ne sais pas de mère qui n'aperçoive d'abord en lui les traces des plus grandes qualités. Loin de repousser cette illusion, faisons-la tourner au profit de la patrie; encourageons les parens à développer ce qu'ils aperçoivent, à créer ce qu'ils supposent; même en se trompant, ils auront toujours amélioré l'objet d'une innocente ambition, et leurs efforts parviendront à former un citoyen utile, ou tout au moins un spectateur citoyen aussi, puisqu'il saura encourager et apprécier des mérites dont on lui aura enseigné l'importance.

La suite de cet ouvrage me fournira l'occasion d'ajouter de nouveaux traits à ce tableau de la situation d'une femme dans une *société de citoyens*. Il était essentiel de prévenir l'objection ou le reproche que l'on pourrait me faire de condamner les femmes, en leur ôtant de leur puissance, à une vie monotone et vide; il ne reste guère de place pour l'ennui là où l'on peut allier le sentiment du devoir à l'intérêt du cœur. La révolution, en France, a modifié le caractère des hommes; ils sont devenus plus sérieux. Les femmes ne pourront pas demeurer aussi légères que par le passé, et ce changement heureux et nécessaire inspirera plus de zèle aux uns pour la vie active et extérieure à laquelle ils sont appelés, aux autres pour la vie intérieure et calme qui leur sied. « Les femmes, dit un auteur [1], sont des bêtes de somme chez les sauvages, des animaux de ménagerie chez les barbares, alternativement despotes et victimes chez les peuples livrés à la vanité et à la frivolité. Ce n'est que dans les pays où règnent la liberté et la raison qu'elles sont les heureuses compagnes d'un ami de leur choix, et les mères respectées d'une famille tendre élevée par leurs soins. »

[1] *Commentaire sur l'Esprit des lois*, pas M. de Tracy liv. VII, chap. VII.

CHAPITRE VII.

Des vrais principes de l'éducation des femmes.

On rencontre chez certains esprits une telle prévention en faveur de ce qui est, qu'ils ne conviennent jamais de la possibilité d'aucun changement. Tant qu'ils aperçoivent quelque ombre des choses qu'ils ont eu l'habitude de voir, ils les réputent inébranlables; toute amélioration ne les frappe que comme une occasion de destruction. Ce genre de parti pris appartient surtout à des gens avancés dans la vie, prudens jusqu'à la peur, déguisant sous le nom de sagesse l'insouciance de leur égoïsme, et parodiant trop souvent ce mot attribué à Louis XV, et qui n'est pas tout-à-fait innocent dans la bouche d'un père ou d'un roi : « Ceci durera bien toujours autant que moi. » Ce n'est point à ceux qui ont ainsi formé à dessein leurs convictions que je puis m'adresser avec espoir de succès, mais à ceux qui ne redoutent ni ne méconnaissent la nouveauté, à ceux dont l'avenir renferme assez de temps pour qu'ils ne craignent point d'en user un peu en me prêtant attention.

Parmi ces juges de mon choix, beaucoup auront encore leurs objections; ils penseront peut-être que la direction générale des esprits les portant au sérieux, l'éducation des femmes ayant gagné sous beaucoup de rapports, il serait sage de se fier au temps pour produire un perfectionnement infaillible, au lieu de se hasarder à heurter des préjugés dont quelques-uns sont utiles, à blesser des souvenirs chers à plusieurs et parfois respectables. Assurément j'ai la plus grande confiance dans cette force des choses de laquelle on espère tant, et qui se fait obéir de ceux mêmes qui la nient; mais il est impossible de la croire tout-à-fait indépendante de la raison et du vouloir des hommes. Les hommes font bien des progrès à leur insu et même en dépit d'eux; mais leurs pas sont plus assurés lorsqu'ils sont éclairés dans leur marche. Les perfectionnemens, tôt ou tard, doivent s'appuyer sur des principes; et lorsque l'esprit humain va vers la raison plutôt par impuissance de reculer que par conviction et par choix, il ne sait ni prévoir ni éviter les obstacles, et risque de s'égarer faute de connaître son but.

Ainsi, quoique la destinée que j'annonce aux femmes doive résulter tôt ou tard de l'état présent de la société, elles y arriveraient plus vite, si leur éducation était réglée en conséquence. Celle qu'on leur donne est, à mon avis, si imparfaite, si insuffisante; et tant d'habitudes peuvent contribuer à la maintenir! Elle trouverait même, au besoin, tant de fades apologistes tout prêts à dire que les Françaises n'ont rien à gagner!

Presque toutes les idées morales sont tenues à la surface de notre entendement; et, dans l'intention de nous mieux préparer à la dépendance où nous placent la création et la société, on interdit à notre jeunesse à peu près tout acte de sa liberté. Toutefois, il devrait être inutile de répéter que la femme, ayant été douée de facultés non égales, mais semblables à celles de l'homme, mérite, malgré la différence de sa destinée sur la terre, d'être dirigée par les mêmes principes que l'être dont elle partage et la céleste origine et la céleste fin. En elle-même, cette vérité n'a pas été contestée sérieusement; mais le monde dans ses conventions, plusieurs philosophes dans leurs préceptes, ont agi ou raisonné comme si elle n'était pas.

Il semblerait quelquefois que les femmes ont été regardées comme des êtres mixtes qui n'ont de l'humanité que les affections, et qui, dépourvus de conscience et de raison, ne pouvant être conduits que par des sentimens ou des instincts, sont indignes de toute considération sérieuse; destinés seulement à se voir façonnés pour la satisfaction d'un maître autorisé, selon les temps et sa fantaisie, à leur imposer l'oubli des devoirs ou l'exercice de la vertu. On a vu Rousseau lui-même, qui s'est vanté d'être notre plus constant défenseur, ne permettre à Sophie aucune lecture; et, poussant l'ignorance qu'il lui inflige jusqu'à une totale absence de religion, nous ravaler à un abaissement qui n'est pas fait pour nous : notre âme en appelle à son immortalité pour réclamer son droit à la lumière de la raison. Je me hasarde à dire que l'esprit du christianisme, qui nous a replacées à notre rang, n'a pas pénétré assez avant en cela dans les lois et les habitudes de la société. Il reste encore, sous ce rapport comme sous beaucoup d'autres peut-être, à accomplir la révolution morale qu'il a entreprise: Dieu avait chargé les hommes de l'application des principes de la révélation.

On me pardonnera donc si je reviens sur

des vérités qui n'ont point été contestées, mais négligées; et qui, pour être communes, n'en sont pas moins restées étrangères à la pratique de la vie.

Comme créature intelligente, la femme n'est pas différente de l'homme. Elle possède sans doute à un moindre degré les mêmes facultés, mais elle les possède; et c'est assez pour qu'elle mérite qu'on les exerce : leur nature étant commune, leur loi doit être la même; pourvue des mêmes moyens pour connaître et remplir les conditions de son existence, l'éducation d'une femme ne doit pas différer essentiellement de celle de l'homme, du moins quant aux principes. En sa qualité d'être doué de raison, d'être moral et libre, parce qu'il est raisonnable, son éducation, si elle est raisonnable aussi, ne peut que vouloir se conformer à sa nature, en assurant sa moralité par l'empire de la raison sur la liberté.

La femme est raisonnable, puisqu'elle a la notion du vrai et du faux; elle est morale, puisqu'elle a le sentiment, si non la connaissance, du bien et du mal; elle est libre enfin; et que ce mot si redouté n'excite aucune alarme, puisqu'il ne désigne que cette liberté niée des seuls impies et définie par

Bossuet, « le pouvoir de vouloir ou de ne vouloir pas. » Pourquoi donc laisserait-on sa raison sans aliment, sa conscience sans lumière, sa liberté sans règle? sur quel fondement lui refuserait-on la vérité? La vérité est la loi de l'âme, et jamais la suppression des lois n'a d'autre effet que l'oppression ou la licence. En effet, nous voyons que ceux qui ont ainsi tenté de dégrader ou de délier la raison des femmes, ont presque réussi à en faire tour à tour des esclaves ou des révoltées. C'est le vice des systèmes d'éducation adoptés jusqu'à présent pour elles. Par je ne sais quelle crainte de leur avenir, on a négligé, la plupart du temps, de leur donner ce qu'il faut de force morale pour les circonstances difficiles ou imprévues; une précipitation paresseuse se hâte d'inculquer aux jeunes filles quelques habitudes dont on leur cache les raisons. On ne les avertit de rien, on les préserve soigneusement de toute expérience. La vanité maternelle, si délicatement ombrageuse, voudrait éviter à l'enfant toute occasion d'agir en sens opposé des qualités qu'elle lui souhaite; et, repoussant les épreuves, elle se contente de nourrir son âme d'une morale prise généralement dans des conventions qui manquent de puissance et de vie. Presque toutes les mères préfèrent les préceptes aux principes ; en dictant à leurs filles ce qu'elles ont à faire, elles aiment mieux se servir du mot *il faut*, qui ne s'adresse point à la raison, que du mot *vous devez*, qui n'est compris que d'elle. L'emploi habituel de l'une ou de l'autre de ces expressions peut changer tout un système d'éducation.

La morale de bonne compagnie, qui se réduit pour une femme à l'obligation d'être, ce qu'on appelle dans le monde, considérée, étant celle dont nous préoccupons surtout l'esprit de nos filles, il en résulte qu'elles deviennent attentives à ce qu'il faut qu'elles paraissent bien plus qu'à ce qu'elles doivent être. Cependant comme il arrive quelquefois que les succès qu'on obtient dans le monde, et ceux même auxquels on doit mettre du prix, sont la suite d'une conduite plutôt adroite que sage, combien de mères qui, croyant n'avoir entretenu leur fille que de vertu et de religion, se trouvent, après de longs soins et une grande surveillance, ne lui avoir donné que ces leçons de ruse qu'on appelle de l'esprit de conduite, ou tout au plus une collection de maximes formulées pour un petit nombre de situations journalières et privées! La morale du monde porte les consciences à ne point se reprocher ce qui est ignoré, ou ce qui n'est pas hautement désapprouvé. La vraie, la seule morale est celle qui s'applique à toutes les conditions de la vie et qui en dépasse la durée. Chacun sait, ou tout au moins répète, que la raison se forme par la réflexion et l'expérience: pourquoi donc ne donner aux enfans que des réflexions toutes faites? pourquoi ne pas reconnaître de bonne foi que le but de l'éducation, et en même temps son moyen le plus efficace, est le bon emploi de la liberté? S'il est important de hâter l'expérience, croit-on y parvenir en réglant d'avance la vie, de manière que celle d'une jeune fille marche pendant quinze ou dix-huit ans sous la puissance minutieuse des volontés maternelles? Quand toutes les actions se font par ordre, les devoirs se remplissent comme à l'insu de la raison; alors notre propre conduite ne nous profite pas. En surveillant un enfant, il faudrait donc le laisser maître de chercher lui-même et de prendre dans mainte occasion le parti qu'il voudra. Je ne crois point, comme Rousseau, que son instituteur, ses parens, une mère surtout, feignant d'ignorer comme lui ce qu'il ignore, dussent consentir à faire sous ses yeux le mal, comme il le fait d'abord dans l'impuissance de commencer par le bien. Ce serait lui donner une étrange idée de la vie, de l'humanité et de la société que de lui laisser croire que des personnes faites, qui ont sur lui la supériorité de l'âge, ne sont pas plus avancées en morale et en instruction. Il serait trop fondé à demander d'où vient la nécessité qu'il prenne peine à découvrir tant de vérités qui peuvent apparemment demeurer ignorées sans danger plus de la moitié de la vie, puisque son instituteur ne les sait pas mieux que lui. Rousseau reprochait aux parens de ne point faire eux-mêmes l'éducation de leurs enfans, et celle qu'il propose est justement impraticable pour un père et une mère; car elle les mettrait de part et d'autre dans une relation mensongère et forcée : elle contrarierait l'ordre de la nature. Mais Rousseau, qui s'est trompé dans le choix du moyen, conseille avec raison de former l'expérience de la jeunesse par l'habitude de la réflexion; je dirai après lui qu'il faut laisser un enfant errer et faillir, quand ses fautes, exemptes d'un danger grave, lui donneront une leçon frappante. Une mère éclairée et attentive, loin de déployer à chaque instant son autorité, doit s'appliquer à tenir sans cesse en éveil dans sa fille la réflexion, cette vie de l'âme, qu'il faut fortifier à l'égale de celle du corps. Son premier soin ne sera pas d'obtenir forcément que ce qu'elle fait soit d'abord bien fait, mais de représenter les difficultés et les objections, de provoquer les scrupules, de diriger les recherches, et au besoin de suggérer les solutions; ce qui revient à dire qu'il faut mettre dans l'éducation de la liberté. C'est ainsi qu'une femme acquerrait de bonne heure le moyen de faire utile usage de ses dons naturels. Il lui a été donné de vouloir, sa mère doit lui permettre d'agir. Une certaine expérience est nécessaire pour comprendre que la liberté s'exerce aussi par la force de ne vouloir pas; mais pour ne plus vouloir que ce qui est bien, il faut avoir éprouvé l'inconvénient de vouloir mal, et cette épreuve est sans danger quand elle se fait sous les yeux d'une mère. D'ailleurs de quel droit celle-ci serait-elle plus difficile que Dieu? n'a-t-il pas envoyé la créature dans ce monde sur la foi de sa raison? Cependant la justice divine est tout autrement redoutable que celle d'une mère! Nous voyons toutefois que cette justice a permis que l'homme usât de sa liberté pour éclairer sa conviction; et saint Paul exhortant les chrétiens à connaître, voir et toucher à l'aide de leur raison, en déclarant que *Dieu a renfermé d'abord tous les hommes dans l'incrédulité pour faire à tous miséricorde*, leur adresse précisément ces paroles remarquables: *Vous n'avez point reçu l'esprit de servitude pour vous conduire par la crainte* [1].

Le régulateur de la liberté, c'est la conscience; mais elle s'éveille lentement chez un enfant; elle l'avertit d'abord d'une manière vague et d'une voix faible, l'attention et la réflexion lui donnent bientôt de la force et de l'autorité; osons donc imiter et suivre la nature, laissons s'engager la lutte du mal et du bien; que l'expérience d'un enfant, dans les mains de sa mère, serve à l'éclairer, comme la conscience éclaire l'homme fait sous la main de Dieu. A son exemple encore, ne révélons d'autorité les devoirs que lorsqu'il y a perte d'âme, c'est-à-dire danger sans ressource à les ignorer.

Or maintenant est-ce ainsi que nous élevons nos filles, et quelle est la vie que la société leur a faite? En général elles sont soumises à

[1] *Épît. aux Rom.*, VIII, 15.

un système de volontés manifestées avec douceur, je l'accorde, mais tout à la fois despotiques et superficielles. De plus on tient leur jeunesse dans un état d'inaction et de contrainte qui les prépare mal aux devoirs graves et actifs de l'état d'épouses et de mères.

Il y a en France un genre d'évidence qu'on redoute extrêmement pour les jeunes filles ; à la manière dont on les montre, en évitant de les faire connaître, il semblerait que le premier devoir des parens est de tromper sur le vrai de leurs caractères. Quelques mères, qui se vantent de leur donner la connaissance du monde, commencent par le leur raconter, puis le leur font voir seulement par le côté de ses plaisirs. D'autres, plus sévères et dont toute l'étude est de le cacher, ordonnent une retraite absolue, ne permettant pas qu'on assiste au spectacle avant le moment d'y jouer un rôle. « Une » fille, disent-elles, ne saurait trop ignorer. » Sans doute il faut écarter de sa jeune imagination tout ce qui pourrait la souiller : mais de l'entière ignorance du mal peut résulter une sorte de niaise innocence qui ne deviendra jamais la vertu, et qui ne suffira point à conserver aux femmes cette pureté qui ne doit pas les quitter au milieu de la société même.

Les choses sont arrangées ou dérangées de manière que depuis douze ans jusqu'à dix-huit nos filles se ressemblent à peu près toutes. Élevées dans les mêmes formes, condamnées à la même nullité, on exige de leur jeunesse qu'elles ne laissent apercevoir que les qualités absolument nécessaires à cet éloge banal qu'on fait si facilement d'une jeune personne *qu'il faut établir*. Après avoir parlé plus ou moins de sa figure, beaucoup de sa fortune, vanté ses talens, son air modeste, qui n'est peut-être que l'affectation d'un silence prescrit; sur cette fade et mensongère énumération, on la livre à qui ne la connaît point, quand vraisemblablement elle s'ignore elle-même. Pour les femmes, il est visible qu'elles n'ont rien gagné par une semblable coutume, mais les hommes surtout, je m'étonne qu'ils veuillent y consentir encore; ils n'échappent pas tellement aux circonstances de leur intérieur qu'il ne leur fût un peu nécessaire d'y mieux regarder. Qu'arrive-t-il en effet? inactives jusqu'au mariage, averties seulement par d'insuffisans préceptes, les femmes entrent tout à coup dans une vie d'action et de mouvement, qui enivre les étourdies et trouble les plus réservées. Elles sont assez préparées, dit-on, pour l'éducation qu'elles doivent recevoir du monde et de leur mari. Nous parlerons bientôt de cette seconde éducation; mais dès à présent qu'on nous dise si elle est toujours donnée avec justice et prévoyance. Et puis enfin, quand elle manque ou qu'on la reçoit mal, où sont, puisque le moment d'agir est venu, où sont les ressources contre les erreurs de pensée et d'action?

Il y a dans nos mœurs quelque chose de directement contraire à ce qui serait raisonnable. Cette nullité à laquelle nous condamnons nos filles excite en elles de bonne heure le désir de nous échapper; nous les jetons ensuite dans les fausses libertés du mariage, où elles se persuadent qu'elles vont devenir maîtresses d'elles-mêmes, à l'instant où elles contractent leur plus sérieux engagement [1]. Et cependant des trois états de fille, épouse et mère, qui composent l'existence des femmes, il serait bien nécessaire qu'elles sussent

[1] « Vous ne sortez guère de votre prison que pour être promise à un inconnu qui vient vous épier à la grille; quel qu'il soit, vous le regardez comme un libérateur..... Vous vous donnez à lui sans le connaître; vous vivez avec lui sans l'aimer: c'est un marché qu'on a fait sans vous, et bientôt après les deux parties se repentent. »

(*Voltaire, Dialogues.*)

d'avance que celui d'épouse, pour prix des jouissances et de la dignité qu'il procure, demande plus que les autres de grands sacrifices d'indépendance.

Comme filles, les femmes seront toujours ce que nous voudrons qu'elles soient; elles n'auront jamais le moyen de revendiquer des droits autres ceux que nous leur accorderons. Comme mères, si on les livrait à elles-mêmes, il serait rarement nécessaire de les avertir; la nature les a toutes douées particulièrement pour ce qui constitue la maternité; dans cette fonction touchante, l'énergie de l'âme peut suppléer au développement de l'intelligence, comme parfois à la force du corps. Pour la durée de la création, comme il fallait que partout, en tout temps, ces faibles et mobiles créatures fussent au premier moment animées d'un sentiment identique à l'égard de leur enfant; les souffrances qui précèdent sa naissance les ont toutes disposées à cette uniformité d'impressions, d'émotions, d'inquiétudes, indispensable pour la conservation d'un être si fragile. La nature parle si haut chez les mères qu'il suffit qu'elle soit secondée.

Mais l'état des femmes considérées comme épouses dépend beaucoup au contraire des causes extérieures; les idées morales dont nous avons ennobli l'attrait de l'un des sexes pour l'autre ont subi les influences des temps et des mœurs. Une mère ne peut cesser d'être la mère de son enfant; mais il y a des pays, il s'est rencontré des siècles où l'homme a méconnu, rompu cette union formée par les lois ou par le hasard. Pendant un temps la rigueur des coutumes, depuis un autre la frivolité des mœurs, ont également défiguré le mariage. Les femmes, entraînées par l'appât d'une décevante liberté, se sont quelquefois réjouies de ce relâchement d'un lien sacré. Mieux leur eût valu cependant encore revendiquer les entraves sérieuses qui les contraignent aux pratiques de la vertu. Madame de Staël a dit : « Les mœurs sévères conservent les affections sensibles. » Et la raison ne peut qu'applaudir à ces paroles de Rousseau : « Une femme doit » justifier devant le public le choix qu'a fait » son mari, et le faire honorer lui-même de » l'honneur qu'on rend à sa femme. »

Ah ! ne nous plaignons point de ces lois rigoureuses, que ceux qui les ont prescrites n'eussent peut-être osé s'imposer à eux-mêmes. La régularité des mœurs fait toute notre dignité. Que sommes-nous sans elle? Quels services une femme peut-elle rendre à son pays ? De quelle science utile ses méditations avancent-elles les progrès ? Quel travail de ses bras n'a pas besoin d'être aidé ? Quel autre effort que la vertu signalerait son immortelle origine ?

Il est donc bien important que par des paroles plus féminines que maternelles nous ne fassions pas briller le mariage à l'imagination des jeunes filles, comme devant commencer l'ère de leur émancipation. Assurément je ne voudrais point que par excès de prudence on poussât les choses jusqu'à inspirer l'effroi, mais l'exagération en ce genre aurait encore moins de danger. Ou le choix des parens, l'instinct de l'amour, le bonheur des circonstances rendraient les devoirs plus faciles, les liens plus doux qu'on ne les aurait annoncés ; ou, si le sort venait trahir les espérances du cœur et de la raison, du moins la victime se trouverait-elle préparée au sacrifice.

CHAPITRE VIII.

De l'application des vrais principes de l'éducation.

Plus on aura laissé de latitude à l'exercice de la liberté des enfans, en leur abandonnant le choix du bien ou du mal pour leur enseigner l'un et l'autre par l'expérience, plus il sera important de s'attacher de bonne heure à développer en eux cette notion du juste et de l'injuste, que nous portons tous au dedans de nous. C'est là une de ces idées nécessaires que les philosophes allemands regardent comme essentielles à notre nature. La connaissance des devoirs est une suite de l'emploi de la raison, elle ne s'acquiert que peu à peu; mais il est utile qu'un enfant sache bientôt que toute créature a sur la terre des devoirs à remplir; et le sentiment de l'obligation morale, que l'éducation trouve et ne donne pas, rendra en peu de temps pour lui cette connaissance distincte et applicable. La vie humaine est, à proprement parler, une mission : l'attention des enfans doit être fixée sans retard sur cette idée, qui tout à la fois nous associe à nos semblables et nous rattache au ciel, et qui devient pour nous un excitant utile, ou la plus efficace des consolations. En effet, le sentiment d'une mission uniforme dans son principe, quoique variée dans ses actes, donne des forces contre l'inégalité des chances de la vie; il ranime l'intérêt d'une âme oisive, le courage d'un esprit abattu; il ennoblit la plupart des puérilités apparentes de notre vie: c'est lui qui nous fait une occasion de salut de ce verre d'eau de l'Évangile donné au nom de Jésus-Christ.

La réflexion dans l'action donne seule à celle-ci toute sa valeur; il faut donc diriger, fixer la réflexion sur nos volontés et nos mouvemens, particulièrement dans un temps où la vivacité de l'imagination, comprimée plutôt que détruite, lutte contre la monotonie des habitudes étroites dont nous avons composé notre vie. On impute aux passions la plupart de nos égaremens, et c'est rendre un hommage à la nature de l'homme que d'envisager ses fautes comme la suite d'une crise extraordinaire qui le tire momentanément de l'état d'harmonie pour lequel il est fait. Sûrement ses mauvais désirs en s'exaltant le jettent dans un trouble où il a peine à se retrouver lui-même ; et l'on en éviterait les dangers en combattant avec étude les défauts particuliers à chaque caractère ; mais outre la cause générale de nos bonnes ou mauvaises actions, savoir, la volonté déterminée par la raison ou par les passions, elles sont encore soumises en partie à une autre puissance qui se compose de toutes sortes d'influences indépendantes de notre libre arbitre, comme celle des temps où l'on vit, de l'état de société auquel on appartient, des mœurs qu'on a trouvées établies ; de la condition pour laquelle on a été élevé. Telles sont les circonstances qui ont en France entraîné les femmes à un besoin d'émotions vives directement opposé aux habitudes auxquelles elles sont assujetties; et cette opposition entre ce qu'elles éprouvent et ce qu'elles ont à faire peut devenir funeste ; car l'ennui, chez les êtres faibles, les expose à des tentations d'autant plus à craindre que la faiblesse même qui les a mis en danger fait qu'ils succombent.

La seule sauvegarde est le sentiment du devoir, à chaque instant ranimé par l'attention de l'âme, remise continuellement en présence de sa mission. Une femme accoutumée de bonne heure à donner du prix à ses actes journaliers, échapperait à cette oisiveté de l'esprit qui lui pèse et l'égare; elle trouverait même, pour ainsi dire, sous sa main, beaucoup d'occasions de satisfaire cette faculté d'enthousiasme, si impérieuse et si exigeante dans notre sexe. Les femmes ayant de la peine à faire le bien avec calme, uniquement pour la satisfaction raisonnée qu'il procure, il serait utile de concentrer leur activité dans une seule pensée, qui grandirait les moindres démarches de leur vie. Comment la sensibilité, comment l'imagination ne trouveraient-elles pas un intérêt puissant dans l'idée du devoir consacrée par un sentiment religieux? Les femmes ne sauraient trop s'en préoccuper l'esprit : voyons les moyens d'en frapper de bonne heure celui de nos enfans.

Leurs premières réflexions sont plus excitées par les exemples qu'on leur donne que par les paroles qu'on leur adresse. Pour agir sur eux, on croit que le meilleur moyen est de leur parler, on devrait au contraire préparer de longue main les discours qu'on leur adresse par des faits qu'on aurait l'attention de reproduire sous leurs yeux. Ainsi je voudrais qu'une mère commençât par rendre sa fille témoin de toutes celles de ses actions que celle-ci peut comprendre, et qui renferment une intention morale ou chrétienne; je voudrais qu'elle agît ou fît agir alors de manière à exciter sa curiosité; qu'il fût question devant elle du devoir à l'occasion de ce qu'elle aurait vu, et qu'ainsi elle fût dès l'abord initiée à cette première liaison d'idées, que toute créature *doit faire* quelque chose ici-bas, et que ce *quelque chose* c'est le bien.

Avant que par ces innombrables contrariétés que nous opposons à la volonté des enfans, nous les conduisions à réfléchir sur la nôtre; ils sont tout disposés à croire que tout ce que nous faisons est bien fait; mais en même temps ils pensent (et notre attitude toute d'autorité tant sur eux que sur nos domestiques, au milieu desquels ils vivent, justifie cette pensée) que ce que nous faisons, nous le faisons uniquement parce que nous voulons le faire. Il leur faut un assez long temps avant qu'ils s'aperçoivent que nous aussi sommes soumis à quelque loi ou nécessité. Pourquoi ne point hâter chez eux cette découverte, pourquoi toutes les habitudes d'une mère ou au moins les apparences de ces habitudes ne se montreraient-elles pas aux yeux de sa fille comme liées à une règle dont elle lui paraîtrait jalouse de ne point s'écarter ? Que cette mère, avant de tant prescrire, s'attache à faire voir que toute grande personne qu'elle est, et précisément parce qu'elle est grande personne, sa vie est toute semée d'obligations. Avec les enfans, il faut éviter les définitions parce qu'elles sont difficiles à donner, et qu'ils les écoutent peu, mais il y a bien des choses abstraites sur lesquelles ils n'interrogent pas ; il arrive qu'ils les comprennent suffisamment, surtout quand on a eu soin de leur donner corps pour ainsi dire, en les mettant en action devant eux. On dit beaucoup qu'ils sont questionneurs ; cela est vrai dans un sens ; mais qu'on les observe avec soin, on verra que souvent ils questionnent par oisiveté, ou lorsqu'ils ont envie de ramener sur eux l'attention distraite ; que souvent encore ils interrogent pour le plaisir de parler, de se donner ainsi un peu de ce mouvement dont ils ont sans cesse besoin. La preuve qu'en général ils tiennent plus à parler qu'à savoir, c'est qu'il est assez difficile de leur faire écouter l'explication qu'ils ont sollicitée. On n'a donc pas grande peine à éviter ou à laisser tomber celles de leurs questions qui exigeraient une définition exacte, chose toujours embarrassante, moins cependant avec les enfans qu'avec les personnes faites, qui ne se contentent point à si bon marché. Les enfans ne comprennent guère qu'à moitié, quand ils comprennent; mais c'est assez pour leur curiosité et pour leur besoin. Ce qui est nécessaire, c'est d'éclairer et d'aviver pour ainsi dire la définition par des exemples pratiques renouvelés souvent. Le plus sûr est de commencer par les frapper de ces exemples qui excitent et dirigent leurs petits raisonnemens.

Si l'on débutait par inculquer à un enfant l'idée du devoir en lui prescrivant toujours le sien, fatigué et surtout contrarié, exclusivement touché de l'ordre du moment, il n'en concluerait rien pour l'avenir; l'obéissance présente qu'on exigerait de lui ne le préparerait nullement à cette soumission future qui, dès qu'elle sera réfléchie, deviendra un des actes de sa liberté. Mais en le frappant d'abord par des faits étrangers, en ne l'inquiétant point sur son propre compte, on l'aidera à former un premier jugement général dont on pourra plus tard le conduire à s'appliquer la conséquence à lui-même. Si par exemple il éprouve quelque souffrance, que sa mère cherche l'occasion de lui faire entendre que les soins qu'elle lui donne sont une des obligations de son métier de mère et, s'il est possible, qu'elle lui laisse ignorer quel penchant irréfléchi, auquel le devoir est étranger, la porte irrésistiblement à veiller à ses besoins et à soulager ses maux; dans tout ce qui le concerne, qu'elle ait le courage de moins chercher à exciter sa reconnaissance pour tant de dévouement, qu'à le pénétrer de l'idée des devoirs des parens envers leurs enfans; qu'elle agisse de manière à lui laisser voir qu'elle est tenue à une conduite, à de certains égards envers ses inférieurs et ses domestiques. Faut-il secourir un malheureux, qu'elle dise à sa fille : « Ce pauvre n'a point » d'argent pour acheter du pain; moi j'en ai » plus que le nécessaire, je dois lui en don- » ner. » Qu'en toute occasion ce mot *je dois* reparaisse dans les discours de cette mère ; qu'il soit prononcé tantôt avec un peu de solennité, tantôt gaiement, car il est bon d'en allier l'idée aux diverses dispositions de notre humeur; il est impossible que l'attention des enfans ne soit point ainsi conduite à un premier aperçu du devoir, d'abord imparfait, mais qui se dévelop- pera. Indépendamment de toute leçon sur le bien et le mal, ils en ont le sentiment en eux- mêmes ; une intelligence abandonnée à ses pro- pres forces se tromperait, je crois, souvent dans le discernement du bien et du mal; elle se tromperait surtout par rapport aux règles sociales que les hommes se sont imposées sous l'empire des circonstances; mais à elle seule, elle découvrirait certainement qu'il y a un mal et qu'il y a un bien. Que sera-ce donc si l'on ne lui propose comme données d'observation que des exemples sagement choisis? sans nul doute, toutes les actions dont je viens de parler, toutes les actions analogues dont la petite fille sera spectatrice, auront son approbation. Sa mère, d'ailleurs (car il ne s'agit point d'exercer, en commençant, aucune modestie vis-à-vis de son enfant) la provoquera s'il le faut, et au bout d'un peu de temps sans essayer de lui persuader qu'il y a plaisir à faire le bien, car il est aussi maladroit qu'inutile de prétendre dicter une sensation, elle trouvera le moment de lui dire une première fois pour le lui répéter mille autres : « Ce que je fais là est bien, et, » quand je fais bien, je fais mon devoir. » Ou je suis bien trompée, ou des paroles de ce genre incessamment renouvelées, toujours précédées par l'exemple, doivent faire naître une idée nette, sans rendre nécessaire aucune définition positive. Ainsi les bonnes actions des parens deviendront des bienfaits pour leurs enfans, et l'origine de tout ce qu'ils feront d'honorable dans le cours de leur carrière; la règle de leur vie toute entière ne sera qu'un souvenir de leur premier âge; et cette pensée de madame de Staël se vérifiera complétement : « L'heureux effet des vertus paternelles se » prolonge à notre insu et ressemble à l'action » de la divinité sur notre âme. »

Après ce premier apprentissage, le jour arriverait enfin de rappeler sur elle-même l'observation de la petite fille; et alors son orgueil se sentirait flatté de se voir assimilée à sa mère, cette créature supérieure devant laquelle il faut plier si souvent. Elle serait fière de participer comme elle au devoir et de servir un maître commun. Ce genre d'obéissance raisonnée lui paraîtrait un progrès, non une infériorité, et peut-être qu'elle s'attacherait à s'y assujettir exactement, pour avoir moins souvent lieu d'obéir à la nécessité et à la force. Ainsi l'obligation morale se présenterait à elle comme un avantage, comme une prérogative, presque comme une liberté. Elle serait impatiente de s'éclairer, pour multiplier les occasions de se déterminer par elle-même, et elle croirait à juste titre s'affranchir en s'instruisant. Sa mère ne devrait pas même craindre de laisser entrevoir, quand il en serait temps, combien il lui est difficile et parfois pénible de ne manquer à aucun des actes de sa mission. Ces aveux bien ménagés ne nuiraient en rien au respect qui lui est dû; une petite fille ne peut pas demeurer bien long-temps dans une entière croyance à la perfection de sa mère. Il y aurait gain à dissiper sagement cette illusion pour prévenir le danger de la découverte furtive qui doit l'en tirer un jour. Le pouvoir fait mieux de confesser sa faiblesse que d'en laisser dérober le secret. Les enfans, en cela fort semblables aux hommes, se refusent souvent aux obligations qu'on leur prescrit d'autorité comme si elles leur étaient particulières; ils seront moins enclins à se révolter contre des devoirs communs qui ne paraîtront plus un effet de la volonté ou de la fantaisie d'un supérieur. Ils en deviendront peut-être moins dociles au caprice, mais c'est un bien; notre dignité est intéressée à n'obéir qu'à une autorité qui se motive.

C'est encore un grand moyen de développer la réflexion chez les enfans, que de leur donner toujours la raison des louanges que méritent leurs petites bonnes actions : pour leur apprendre toujours davantage à s'examiner eux-mêmes, il faudra prendre soin d'applaudir ou de blâmer leurs pensées de préférence à leurs mouvemens. Le bien et le mal sont tout intérieurs : c'est de nos motifs et de nos intentions que s'occupe spécialement notre conscience, et cette question pour les bonnes comme pour les mauvaises actions, « Pourquoi avez-vous fait cela ? » doit être d'un grand usage dans le cours d'une éducation. Mais jamais une jeune fille n'y répondra sincèrement, si l'on n'a commencé par donner l'essor aux libertés de son enfance, si l'on ne s'est interdit de comprimer ou de façonner arbitrairement ses premières impressions morales. Quand aucun despotisme n'a prolongé le sommeil de la conscience, il est bon de savoir, dès qu'on peut savoir quelque chose, qu'il nous arrive à tous d'agir de même façon par des motifs différens, lesquels changent pour Dieu, pour nous et pour une mère, ce qui paraît semblable au monde. Il est bon d'être mis en garde contre cet étrange penchant que les hommes ont à se laisser séduire par leurs propres apparences. Si une jeune fille comprend une fois que le bien est surtout dans le mobile de l'action, en se conformant à cette idée elle échappera mieux aux illusions de l'amour-propre : il est si rare que seuls avec nous-mêmes, nous ayons à nous glorifier de toutes nos pensées! et combien le plus vertueux des humains rougirait de la confession publique de tout ce qui se passe au dedans de son âme!

Enfin quand une sorte d'orgueil serait excitée par la conscience d'un penchant louable ou d'une action honnête, il ne faudrait pas s'en alarmer. Il serait vain d'entreprendre de le détruire; bornons-nous à en diriger la satisfaction. Dieu ne nous a point faits infaillibles, mais nous savons que nous ne le sommes pas, et, comme dit Pascal, c'est une grandeur. La religion condamne le découragement; elle prescrit à l'homme non le mépris, mais la défiance de lui-même : ainsi, pourvu qu'un sentiment pur et sérieux soit le principe d'une action, il n'est pas fort dangereux que l'amour-propre se montre à la suite. Ce sentiment se fortifie peu à peu, il devient habitude, il passe dans notre nature, et nous cessons d'en tirer vanité dès que nous sentons qu'il nous serait impossible d'être autrement. D'ailleurs la conscience d'une mission ramène à Dieu, et il n'y a point d'orgueil devant lui.

J'ai essayé d'expliquer comment cette idée du devoir, associée avec réflexion et liberté à chacune de nos actions, peut seule mettre à la fois de l'intérêt dans notre vie et de la raison dans notre conduite. Je suis convaincue que c'est en suivant cette route qu'une fille comprendra ce qui lui est justement permis et justement interdit, de l'aveu de son jugement. Elle acceptera sa condition et son avenir, et souvent la force de la conviction la conduira avec une bien autre sévérité que les volontés non expliquées auxquelles on eût tenté de la soumettre. Car, dit encore Pascal, « la raison » nous commande bien plus impérieusement » qu'un maître; en désobéissant à l'un on est » malheureux, et en désobéissant à l'autre on » est un sot. »

CHAPITRE IX.

Objections prises dans la destinée des femmes. — Réponse.

Telle est aujourd'hui la puissance de ce mot de liberté, qu'en le prononçant on est sûr de troubler diversement tous ceux qui l'entendent. Si l'on voulait composer quelque conte moral où figureraient les sentimens particulièrement mis en jeu dans ce temps-ci, on pourrait imaginer un personnage produisant autour de lui des effets opposés, seulement à l'aide de cette parole, dont un démon familier lui aurait enseigné la vertu magique ; et certes on ne devrait pas craindre que la fiction manquât de merveilleux. On eût mis dans la main du héros le talisman du siècle.

Ainsi je me suis aperçue que j'excitais une certaine inquiétude, toutes les fois qu'essayant de communiquer mes idées sur l'éducation de nos filles, je me plaignais de n'y point voir assez de *liberté*. Tout aussitôt, le respect de l'habitude, la surprise du préjugé, la sollicitude de la prudence, et bien d'autres motifs, suscitaient mille objections. Loin de les dédaigner, j'ai conservé le souvenir des plus importantes, et ce chapitre y répondra.

« N'y a-t-il pas contradiction à préparer, » par la liberté et l'examen, cette vie de dé» pendance qui attend les femmes et dont vous » leur faites un devoir? Vous voulez les ren» dre graves: supérieures à ce qu'elles ont été, » elles trouveront les hommes tels qu'ils sont » encore; s'accommoderont-ils de cette nou» velle supériorité? n'en voudront-elles pas » faire un droit? Avec une intelligence ainsi » développée, ne risquez-vous pas de les ren» dre plus malheureuses, si des hasards qui se » rencontrent fréquemment les unissent à des » hommes médiocres? Que deviendra enfin » cette seconde et véritable éducation qu'un » mari donne toujours à sa femme, et qui né» cessite quelquefois une autre soumission que » celle de la raison? »

D'abord la soumission raisonnée me paraissant la plus sûre de toutes, je crois que c'est la plus importante à préparer. Tout pouvoir est à la fois peu honoré et mal garanti par l'obéissance passive. Dans aucun temps les femmes n'auront été aussi dociles que celles qui seront élevées à mettre dans leur devoir la règle et l'intérêt de leur vie. Une personne raisonnable, dont la conscience active sait choisir dans ses volontés, comprendra très-bien que de deux êtres faits pour vivre ensemble, mais dont l'un plus faible a plus besoin de l'autre, c'est au premier d'accepter les lois existantes, et de ne violer aucune des convenances qu'il trouve établies. Parmi ces convenances, il en est qui sont de rigoureuse justice; tel, par exemple, le sacrifice que doit faire une fille de son indépendance extérieure, à la dignité, à la paix et au bonheur du ménage. Le mariage n'est point une association de liberté : tout engagement a ses conditions; un mari lui-même est bien forcé d'en supporter quelques-unes, d'autant plus heureux qu'il comprend mieux les obligations légitimes du contrat moral qu'il a conclu. Nos jeunes filles sont inconnues de l'époux qui les choisit; je ne sais dans la société aucun autre marché qui se fasse si complétement sur parole : les inconvéniens en sautent aux yeux; le seul remède serait dans la faculté donnée aux contractans de choisir un peu plus à leur gré.

Une fille, élevée comme je le propose,

saurait d'avance à quoi elle renonce et ce qu'elle acquiert en devenant épouse. Mieux avertie, moins pressée, elle choisirait de concert avec ses parens; et comme elle aurait reçu une autre éducation que Sophie, ils pourraient avec plus de raison lui tenir le langage que Rousseau met dans la bouche du père et de la mère de la femme d'Émile [1]. Elle choisirait, c'est déjà une avance pour n'être pas trompée : si elle l'était, son découragement serait moins absolu; nous avons moins de dépit contre une méprise qui nous appartient. Peut-être même qu'une sorte d'entêtement à un choix qui serait notre ouvrage, nous rendrait plus habiles à trouver d'innocentes consolations que repousse celle qu'on n'a point consultée. Enfin chez une personne fortement pénétrée du sentiment de ses devoirs, il ne faut pas croire que la résignation soit sans douceur, puisqu'elle n'est pas sans mérite.

[1] « Ma fille, je vous propose un accord qui vous marque notre estime, et rétablit entre nous l'ordre naturel. » Les parens choisissent l'époux de leur fille, et ne la consultent que pour la forme : tel est l'usage; nous ferons entre nous tout le contraire : vous choisirez, et nous serons consultés. Usez de votre droit, Sophie. »

(*Emile*, liv. V.)

Cherchant à voir les choses non telles qu'on dit qu'elles sont, mais telles qu'elles sont réellement, j'ai idée que les maris préfèreraient volontiers à la soumission que nous leur apportons maintenant, celle que mon éducation aurait enseignée. Elle laisserait aux femmes peu de facilités pour tous ces petits subterfuges qui les sauvent souvent de l'excessive domination d'un mari. La conscience se montrerait bien autrement exigeante que lui. A la vérité, la femme, aussi savamment formée à la vertu, porterait dans le ménage une certaine fermeté pour résister au mal; mais cela déplaît-il tant au plus grand nombre des hommes? La sévérité des principes ne leur serait importune que si elle se manifestait avec rudesse; or, l'âpreté du caractère ne se rencontre guère chez celle dont la raison seule a contrarié les penchans. Là où il y a du bonheur, l'humeur se conserve douce et sereine; et mes jeunes filles pieuses, libres et justes, auraient vraisemblablement commencé par être heureuses. La résistance au mal, pratiquée avec douceur et bonne grâce, n'a d'inconvéniens ni pour la société, ni pour les familles, ni pour les ménages.

La volonté d'une femme doit être subordonnée à celle de son mari : mais, de bonne foi, les maris sont-ils donc aujourd'hui si tyranniques qu'on ne leur fasse entendre raison sur rien? S'ils ont dans leur intérieur tous les droits d'un pouvoir moins contesté qu'éludé, n'avons-nous pas, nous, l'adresse d'exercer à notre profit bien des secrètes influences? Combien de femmes toujours prêtes aux yeux du public, à satisfaire les fantaisies frivoles, à exécuter les ordres de détail, usent l'autorité d'un mari sur une foule de minuties, pour ressaisir la liberté dans les occasions qui les intéressent, et acquièrent par ce mélange habile de la complaisance et de la ruse, une indépendance très-effective! Qu'on leur demande, et qu'elles répondent ingénument, si elles voudraient, reprenant cette obéissance toute calculée, l'échanger contre une autre plus sincère et plus morale. Une femme galante ou seulement coquette, peut facilement être la plus douce des épouses, mais une femme vertueuse seule peut être la plus soumise.

Un des principaux griefs de quelques *femmes de Paris*, c'est qu'il arrive souvent à celui qu'un contrat vient de rendre maître de leur fortune, d'en déterminer l'emploi sans les consulter. Il y a même beaucoup d'hommes qui exercent ou prétendent exercer une surveillance minutieuse sur les dépenses du ménage : très-certainement il vaudrait toujours mieux qu'une femme eût toute l'autorité domestique. Nous sommes faites pour les détails, nous avons le goût et l'intelligence des petites choses, et nous savons mieux que les hommes nous faire obéir des subalternes, tout en commandant avec plus de douceur. Généralement les domestiques sont plus heureux là où c'est la femme qui leur transmet les ordres. Mais pour cela a-t-on jusqu'ici fait entrer assez sérieusement l'étude de l'économie dans les devoirs de notre éducation [1] ? Nous voudrions être consultées sur les grandes affaires, maîtresses absolues dans les petites : nous ignorons les premières, et dédaignons l'ordre dans les secondes. Les femmes de province ont en ce

[1] Presque toutes les femmes du monde ignorent absolument les affaires ; elles ne s'en font aucun souci, et cependant, comme veuves, comme mères de famille, ce genre d'instruction leur serait souvent nécessaire. On n'a point encore imaginé de faire à la jeune fille à laquelle on enseigne tant de choses, un devoir d'apprendre aussi ce qui la rendrait si utile à son mari et à ses enfans, ce qui la mettrait hors des mains d'un homme d'affaires qui peut la compromettre ou la ruiner, sans qu'elle ait moyen de s'y opposer. Nos usages ont porté notre insouciance si loin sur cet article, qu'il n'y a presque aucune de nos filles qui, à

genre l'avantage sur nous; aussi les voit-on dans la maison décider à leur fantaisie, c'est-à-dire à leur raison, les dépenses intérieures; et les maris tranquilles ratifier avec confiance tous les arrangemens pris par elles.

On ne saurait trop le dire, les habitudes de la société, surtout à Paris, ont tellement détourné les femmes de leur position naturelle que, préférant toujours l'usurpation aux droits, elles prétendent parvenir à tout, sans se donner de peine pour rien. Cette disposition apportée dans le mariage y cause la plus grande partie de nos mécomptes. On dit trop que les fautes des femmes sont la suite des premiers torts de leurs maris. La morale n'a permis aucune comparaison entre l'inconduite d'une femme et celle d'un homme. Ses arrêts sont avec raison plus sévères pour nous; mais le monde adoucit fort les

son insu, ne débute avec son mari par un mensonge. Les parens s'efforcent plus ou moins de tromper leur futur gendre sur la fortune de celle qu'ils lui donnent. Celle-ci ne sait guère jamais quelle dot réelle elle apporte. Elle entre dans la communauté de la dépense en ignorant celle des ressources, et tôt ou tard porte la peine de l'humeur naturelle qu'éprouve celui qui vient à découvrir qu'on l'a trompé. Je voudrais que des conversations avec un notaire entrassent dans l'éducation des filles; on leur donne assurément des maîtres moins utiles que celui-là.

siens, et nos plaintes sont presque toujours les mieux écoutées, quoique nous ne soyons pas les seules à souffrir des chagrins d'un mauvais ménage. Cette partialité passée en usage excuserait les vengeances intérieures de quelques époux, si les petitesses de la vengeance pouvaient s'excuser jamais.

Passons à cette supériorité des femmes, que l'on croit contraire à la hiérarchie nécessaire de mérite dans la société du mariage; la supposition est en partie gratuite. Si les femmes valaient mieux, les hommes vaudraient mieux aussi; la proportion s'établirait plus que par le passé. Dans toute association, que le plus fort se dégrade, il entraînera la chute du plus faible. Mais que celui-ci résiste, lutte un moment, tende à s'améliorer, les choses cherchent leur niveau, la véritable supériorité reprend sa place. Les nouvelles institutions françaises ont quelque chose de sérieux qui tournera au profit des vertus privées. J'ai déjà dit combien l'état de citoyen pouvait seul en faire éclore : la liberté et la publicité des jugemens de l'opinion forceront chacun à s'observer davantage, et l'attention sur soi-même produit toujours un perfectionnement. Les hommes, plus graves, seront désormais (et l'expérience le montre déjà) meilleurs maris et meilleurs pères; car les vertus, aussi-bien que les vices, et j'ose dire mieux que les vices, s'attirent entre elles. Il n'est donc pas vraisemblable que les hommes s'effarouchent de notre prétendue supériorité, qui ne porterait de fait que sur la comparaison de ce que nous avons été avec ce que nous serions devenues.

Après tout, depuis près d'un siècle, et même encore sous nos yeux, les femmes se sont-elles donc interdit toute ambitieuse prétention? et regardent-elles leur pouvoir comme acquis par des concessions, ou comme fondé sur leur mérite? De quoi ne se sont-elles pas jugées capables? Quand ont-elles refusé d'émettre un avis, de donner un conseil? Que d'événemens importans gardent la trace de leur passage! Celles surtout qui demeurent les plus fidèles aux traditions du passé, celles qui s'efforcent d'échapper à ce nouvel ordre social qui les pousse dans la voie où je voudrais les voir entrer, se distinguent-elles par la défiance d'elles-mêmes, et paraissent-elles disposées à renoncer au droit de régenter les salons, de dicter les règles de la mode, du goût, de l'honneur même? Est-il donc vrai qu'elles se placent à un rang inférieur, et aperçoit-on dans leur conduite présente une retenue modeste que l'on craignît d'altérer ? Le vrai moyen d'enchaîner la vanité, c'est de la mettre en présence du vrai. Une femme éclairée saura ce qu'elle vaut et ce qui lui manque; et si nous avons si grand penchant à nous faire de tout un droit, il est moins fâcheux sans doute que notre prétention ressorte de nos vertus que de nos travers.

L'éducation perfectionnée ne chargera pas une femme de ce trésor de science qui pourrait effaroucher justement un *bonhomme* de mari, et même celui qui n'est pas *bonhomme* dans le sens vulgaire de ce mot. J'ai dit qu'une supériorité de l'homme est de pouvoir aborder plus impunément et pour son plaisir des connaissances et des travaux qui ne lui sont ni prescrits ni nécessaires. La nature, qui nous met au second rang, défend à notre éducation de tenter de nous élever au premier. Il faut toujours voir dans la jeune fille qu'on élève la future compagne d'un être dont elle ne peut rester indépendante.

Miss Hamilton, dans un ouvrage remarquable sur l'éducation, tire cette définition des Élémens de philosophie de Dugald Stewart : « L'objet de l'éducation est de cultiver les di-

» vers principes de notre nature, soit ac-
» tifs, soit spéculatifs, et de les porter à la
» plus grande perfection dont ils soient sus-
» ceptibles [1]. » Mais quand il s'agit d'une femme, *porter à la plus grande perfection les divers principes de sa nature*, n'est pas les appliquer à tous les genres d'instruction, ce n'est point lancer témérairement son esprit au milieu des recherches ou même des connaissances inutiles à sa mission : c'est uniquement, ce ne peut être que donner à ses facultés toute leur étendue dans les choses qui sont bien de son métier. Mais on l'a rapetissé ce métier, et voilà pourquoi les femmes s'ennuient ; voilà pourquoi on les voit s'agiter sans prudence et se mêler de choses hors leur ressort. Je ne conçois pas comment celle à qui l'on aurait fait comprendre toutes les obligations de sa destinée offrirait à son mari moins de chances de bonheur qu'une autre ; je ne puis me la représenter non plus comme moins propre à s'accommoder aux hasards de sa situation. En effet, il faudrait en conclure que la meil-

[1] *Lettres sur les principes élémentaires de l'éducation*, par Élisabeth Hamilton, traduites de l'anglais par M. Chéron. Lettre Ire.

leure préparation à tout consisterait à ne rien prévoir : or, il ne semble pas probable que les surprises en tous genres soient le plus sûr moyen de faire naître la résignation.

Si l'éducation se réformait, je ne me flatte pas qu'il ne se rencontrât plus de femmes qui demeurent en deçà ou se lancent au delà de leur destinée; mais enfin la clarté morale, propre à les guider, serait devenue moins vacillante, et la société aurait acquis cet immense avantage que les erreurs de quelques-unes ne s'appuieraient plus sur la fausseté ou la légèreté des principes de toutes. L'exemple, les leçons raisonnées, les circonstances habilement créées, une direction suivie, le tableau des devoirs incessamment remis sous les yeux, donneraient activité aux vertus pour ainsi dire usuelles. Les idées religieuses, si l'on avait soin de les faire pénétrer plus avant dans l'âme, et la vérité, démontrée par l'expérience, combattraient utilement la confiance de l'orgueil, et, avec le sentiment d'une modestie éclairée, on inspirerait aux femmes cette chasteté de l'esprit qui les garantit des connaissances ambitieuses. Et qu'on ne dise point qu'il est trop difficile de réunir les circonstances nécessaires à toute cette éducation : le passé nous a réalisé des choses bien autrement compliquées. J'ai le bonheur de croire que pour réussir à détourner les femmes des devoirs et presque des sentimens d'épouse et de mère, il a fallu bien d'autres efforts.

Maintenant si l'on demande ce que deviendrait cette seconde éducation que les maris donnent à leurs femmes, j'ai souvent ouï parler de cette seconde éducation, mais je n'en ai guère aperçu la trace. Veut-on parler de cette obligation plus ou moins doucement imposée de se façonner aux diversités d'un caractère d'abord inconnu ? Dans un nouveau ménage, si ce caractère se prononce avec rudesse, le plus doux plie et ruse ; c'est assurément la femme qui se soumet ainsi le plus souvent ; mais quelquefois aussi c'est l'homme. Au surplus, alors, quel que soit le trompeur ou le trompé, le but de l'association est manqué ; je n'espère plus de tendresse, ni d'estime, là où je ne vois ni confiance ni sincérité.

Les qualités bonnes ou mauvaises d'un mari influeront toujours sur la conduite de sa femme ; elles la contraindront à des précautions pour répondre aux unes, pour éviter les inconvéniens des autres. Mais si par une prudence timide on ne l'a instruite qu'à plier sans bruit et seulement pour *avoir la paix*, cette soumission toute politique n'est point une vertu, c'est un art dont le mariage lui enseigne la pratique : il est singulier de faire honneur au mari de cette éducation-là.

Cette éducation des maris, si on veut absolument lui laisser ce nom, a sans doute sa puissance très-réelle, à peu près pareille à celle de la nécessité. Mais comme il arrive qu'elle n'est pas souvent beaucoup plus raisonnable, il n'est pas sage de s'y fier.

Est-ce à s'observer et à se connaître que deux époux emploient le premier temps du mariage? Ne sont-ils pas saisis presque aussitôt d'un sentiment subit, auquel je ne saurais trouver un nom? Ce n'est point de l'amour, car l'amour naît de l'enthousiasme ou d'une connaissance intime, et ni l'un ni l'autre ne déterminent nos alliances. Quoi qu'il en soit, ce premier temps donne de grands droits au mari, un grand pouvoir à la femme; et je ne sais en vérité si ce n'est pas d'abord celle-ci qui profite le mieux de ses avantages.

Alors apparemment un mari devrait commencer cette éducation tant annoncée : c'est pourtant ce qu'il ne fait point; il n'en a ni la volonté ni la puissance. Pourquoi voudrait-on que, distrait qu'il est par des émotions si vives, il n'eût point sa part d'entraînement et d'imprévoyance? plus âgé, mieux averti, son expérience devrait le mettre sur ses gardes; mais l'expérience faillit pour tous dans une situation nouvelle; mais on est toujours jeune, quand on est ému. Le temps s'écoule, et il vient un moment où de dessein prémédité, j'y consens, un mari songe à élever sa femme. Mais alors l'effet est déjà produit, elle a éprouvé, observé, deviné; cette éducation a peu d'influence; pour qu'elle en eût une salutaire, il faudrait qu'elle fût dirigée par des principes, et à présent encore, ceux des hommes sont-ils donc bien déterminés? je n'ai pas dit que l'éducation des femmes fût la seule à refaire. Mais enfin si notre jeune mariée ne reçoit point les leçons de ce nouvel instituteur qu'on voudrait épris et prudent tout à la fois, les années lui apportent bientôt à elle de nouvelles obligations. Elle devient mère; prête ou non, il faut qu'elle songe à commencer une véritable éducation : la voilà très-vite aux prises avec la plus sérieuse occupation. Ainsi donc, par prévoyance comme par nécessité, je crois qu'il vaut mieux pour ses enfans, pour son mari et pour elle-même, qu'une jeune fille ait appris d'avance à peser avec sa raison les actes et les devoirs qui se rattachent aux différentes conditions de la vie.

CHAPITRE X.

Objections prises dans la nature des femmes. — Réponse.

Je crains quelquefois de me laisser préoccuper d'une seule idée. Dans un ouvrage du genre de celui-ci, le raisonnement est le seul fil qui puisse conduire, et quelquefois à force de m'en servir, je crains d'en faire trop de cas et de trop le recommander aux femmes. C'est d'elles en effet qu'on a le plus dit qu'elles sentent et ne raisonnent pas, et l'antithèse, quoique bien commune, doit avoir quelque chose de vrai. Sans doute les femmes sont les secondes des créatures intelligentes; toutes les facultés de l'homme se retrouvent en elles, seulement à un moindre degré. Mais dans l'homme lui-même tout est-il raison? n'y a-t-il aucune place pour l'irréflexion? médite-t-il tout ce qu'il fait, même tout ce qu'il pense? Son imagination n'est-elle jamais séduite, et sa volonté entraînée? Et ne se pourrait-il pas qu'en même temps que la raison, attribut commun des deux sexes, a moins de force et de persévérance chez l'un que chez l'autre, la puissance de l'entraînement, de cette sorte d'instinct qui se compose d'imagination et de sensibilité, et qui simule et dévance souvent la volonté raisonnée, ne fût chez nous un principe d'action plus énergique encore que chez nos pères, nos époux et nos fils? S'il en était ainsi, un système serait incomplet et forcé qui ne s'adresserait qu'à l'une de nos facultés, et qui, méconnaissant notre être moral, prétendrait le faire tout raisonnable comme je semble l'entreprendre dans le cours de cet écrit.

Qui n'a lu souvent, qui n'a souvent entendu dire que les femmes ont en elles une impulsion innée qui les conduit aussi bien que le calme de la réflexion? C'est une faiblesse ou un don attribué à leur sexe que de ressentir et de suivre des instincts égaux et parfois supérieurs aux calculs même de la raison. Les hommes répètent avec complaisance qu'elles n'ont point de plus grand attrait que cette nature vive, indélibérée qui donne à tous leurs mouvemens quelque chose d'involontaire et de naïf, qui embellit pour elles le dévouement le plus pénible et prête de la grâce à leur vertu.

Qu'ont-elles donc besoin de maximes froides et stériles qu'elles appliqueraient peut-être mal, qu'elles ne sauraient peut-être ni concevoir ni suivre ? Il leur faut des illusions pour croire, de l'émotion pour agir, et vous prétendez imposer la vérité à leur esprit, le sang-froid à leur conduite ! Ne craignez-vous pas d'intimider, d'accabler, d'énerver leur nature, en surchargeant leur intelligence ? ne risquez-vous pas d'éteindre le foyer intérieur qui les anime ? l'enthousiasme seul leur dérobe le secret de leur faiblesse ; pour qu'elles demeurent actives, laissez-leur donc l'enthousiasme, quand même il les égarerait ; l'homme n'est-il pas là avec sa raison pour les conduire, et son bras pour les défendre ? C'est par le cœur qu'une femme s'élève au niveau de la force du compagnon de sa vie. C'est par l'affection qu'il lui inspire, qu'il l'appelle jusqu'à lui, et qu'en retour il la dirige et la soutient. Une raison développée en elle exclusivement et sans mesure, romprait peut-être cette dépendance naturelle, sans lui donner la force d'une créature indépendante. Élevées ainsi à la prétention plutôt qu'à la puissance de la liberté, en aspirant à se soutenir seules, à se conduire elles-mêmes, les femmes ne réussiraient qu'à perdre l'appui et le guide que leur assure la loi de la création; et, privées bientôt aux yeux des hommes d'un de leurs plus grands charmes, elle seraient tout ensemble moins sages et moins aimées. Qu'auriez-vous fait de leur perfectionnement et de leur bonheur?

Ces difficultés m'ont souvent inquiétée, d'autant qu'elles m'ont été opposées par des esprits sérieux. Non-seulement elles s'appuient sur des idées trop souvent mises en œuvre pour n'avoir pas quelque fondement, mais aussi sur des sentimens très-réels que nous trouvons toutes en nous-mêmes et dont les effets nous frappent chaque jour. Ce n'est pas non plus une circonstance à dédaigner que ce goût, presque universel, qu'inspirent les premiers mouvemens des âmes simples et vives, ignorantes et sensibles. Comment ferais-je pour mépriser un attrait si reconnu et pour nous conseiller d'y renoncer? On voit les hommes du caractère le plus moral, de l'esprit le plus distingué, touchés de ce genre d'agrément, le regarder même comme un mérite, le rechercher, le choisir dans celle à laquelle ils vouent leur affection et leur vie. Il y a sans doute dans cette disposition, ce faible particulier à notre sexe, quelque chose de vrai, de naturel et par conséquent de sacré. Y renoncer ne serait nullement raisonnable; pourquoi faudrait-il que le mérite s'achetât nécessairement par la perte d'un moyen de plaire? Je ne supposerai jamais que la sagesse oblige d'être moins aimable; l'harmonie du monde moral n'a point de ces dissonnances; et ce devrait être une éducation fausse que celle qui ravirait aux femmes un de leurs droits à l'amour d'un honnête homme. Il me semble que la vertu doit admettre toutes les beautés, et la vérité tous les charmes.

Comment faire cependant, et qui nous donnera le moyen de concilier la contradiction qui nous arrête? Accuserons-nous de faiblesse et de puérilité ceux que le pur et doux abandon d'une bonne nature transporte de tendresse et d'admiration? Et présenterons-nous, comme la perfection morale de la femme, la sublime immobilité des stoïciens, en réclamant pour la raison seule le droit d'inspirer et l'admiration et la tendresse? Abuserons-nous des mots au point de dire que la vertu philosophique ait seule au monde une beauté véritable, un charme réel, un droit à l'amour? Ce serait nier l'objection au lieu de la résoudre; ce serait imiter les philosophes, qui font abstraction des difficultés qu'ils ne peuvent expliquer.

Ou bien ne pourrions-nous pas rester dans le positif, et avouer que les mouvemens simples du cœur des femmes ont sur elles-mêmes une puissance qui s'étend à ceux qui en sont témoins; qu'elles atteignent parfois d'un premier élan au bien comme à la vérité, et qu'il vaut mieux en convenir que l'ignorer? Mais nous ajouterions en même temps, que malgré tant d'efforts pour exalter cette qualité distinctive de notre sexe, elle n'en est pas moins une infériorité, et que moins on lui laissera de place et d'importance, plus l'éducation des femmes sera bonne. Admettant l'existence de cette faiblesse, nous dirions qu'il faut la combattre sans espérer la détruire, et que tout le secret est de la contenir par le développement de la raison.

Mais comment amener les femmes à n'avoir que des entraînemens raisonnables, ou tout au moins à réprimer et à régler ceux qu'elles éprouvent? C'est au fait les engager à n'en point avoir du tout; car c'est exiger qu'elles ne s'abandonnent à leurs impressions qu'après délibération. Si elles ont réfléchi, elles se déterminent, et elles ne sont plus entraînées. Si elles sont entraînées, c'est qu'elles n'ont pas réfléchi, et nous ne sommes pas plus avancés.

Ainsi la nature échappe toujours à ces règles équivoques par lesquelles on croit si souvent accorder les contraires et rapprocher les extrêmes. Voyons s'il n'y a pas quelque chose de mieux à faire.

C'est un attribut de la nature humaine que de se montrer à la fois susceptible de premier mouvement et de mouvement délibéré, que d'être pour ainsi dire *primesautière* et réfléchie. On reconnaît dans cette double disposition la prévoyance qui nous forma. La vie en effet exige et sollicite tour à tour l'une de ces deux facultés, et nous avons tour à tour besoin d'actions rapides ou d'actions méditées. Si l'homme n'avait su se décider qu'avec poids et mesure, si l'examen avait dû précéder toutes ses démarches, il n'aurait pu ni se conserver ni se conduire au milieu des chances subites et pressantes dont l'existence est semée. Sans cesse pris au dépourvu, il aurait peut-être mieux ordonné d'avance toute sa conduite, mais il est douteux qu'il eût pu vivre; sans réponse aux questions soudaines, sans expédient pour les difficultés inopinées, il aurait laissé s'échapper toutes les occasions, s'aggraver tous les dangers, se consommer toutes les fautes. Jamais il n'aurait su détourner le trait qu'on lui lance, sauver l'enfant qui se noie, arrêter le bras qui va frapper l'innocent.

Si au contraire il n'avait reçu de la nature que cette présence d'esprit, cette promptitude d'action qui a besoin d'être provoquée par une cause actuelle et frappante, il se serait trouvé sans ressources contre les difficultés continues et durables de sa destinée, contre ces embarras compliqués, mais insensibles, qui ressemblent à des maladies lentes, et contre lesquelles le régime de la sagesse est un meilleur remède que les essais de l'inspiration.

Exposés à une double chance, tantôt notre esprit se pose, tantôt il se précipite comme la vie elle-même; et, cet ordre naturel, l'éducation tenterait en vain d'y rien changer; peut-être même suffirait-il, pour absoudre les principes de celle dont il est parlé plus haut, de représenter que les inconvéniens qu'on en redoute ont l'avantage d'être impossibles.

Mais on peut aller plus loin, on peut examiner si les effets que l'on craint sont bien les conséquences probables d'un système d'éducation raisonné et raisonnable, au cas qu'il réussît.

Que les femmes soient plus portées à ces premiers mouvemens qu'on refuse d'attribuer à la raison, en ce sens qu'elles soient moins raisonnables que les hommes, cela ne peut guère se contester. Moins fortes, elles sont plus mobiles et plus impatientes. Leur vivacité les dispense souvent de l'examen auquel d'ailleurs leur esprit n'est pas extrêmement propre; car il persiste peu, et ne pénètre jamais fort avant. Par suite de cette infériorité, et comme pour y suppléer, il semble que les objets qui les atteignent les touchent plus vivement. Le spectacle qui laisse à l'homme son sang-froid, ou qui ne lui arrache qu'un médiocre intérêt, fait couler leurs larmes, trembler leurs mains, battre leur cœur. Elles éprouvent le besoin de sympathiser avec la joie, la souffrance, l'indignation; de prendre un rôle dans la scène qui se passe sous leurs yeux; et l'on est presque assuré qu'au premier abord d'une impression vive, l'inaction leur est imposible. Elles partent avant le temps, elles s'ébranlent avant le signal.

De là tous les caractères de leurs sentimens, et aussi de leurs vertus qui se confondent souvent avec leurs sentimens. Toujours extrêmes et exclusifs, ceux-ci, dès qu'ils sont en jeu, ne laissent guère à leur raison sa liberté; il est rare qu'elle sache juger leur cœur. L'impartialité est le moins commun de leurs mérites. Leur courage n'est d'ordinaire que du dévouement; il leur manque, là où ne les anime ni le courroux ni la tendresse. Leur charité a quelque chose d'involontaire, qui tient plus encore de la passion que du devoir. Leur constance ne se soutient pas sans exaltation. Promptes à sacrifier leurs intérêts, jamais leurs sentimens, elles sont plus capables de générosité que de justice; car la justice est de toutes les vertus la moins enthousiaste.

Il est des devoirs particuliers à leur sexe, qui les montrent encore mieux sous ce point de vue. Combien de femmes les ont constamment remplis, sans songer même que ce fussent des devoirs! Une répugnance toute naturelle les prémunit contre des fautes auxquelles la raison seule ne saurait peut-être pas les soustraire. Beaucoup d'hommes penchent à croire que ce ne sont pas les principes d'une femme qui la garantissent le mieux contre la séduction. Ils se plaisent à l'entretenir dans cette ignorance et ce dégoût du mal qui ne la préservent du danger qu'en le lui cachant; ils aiment enfin que la fidélité soit sous la garde de l'affection, et que la vertu ne soit que de l'innocence.

Tant que dure la première jeunesse, cette situation morale est facile à conserver chez une femme heureusement née. La sagesse éclairée serait moins sûre peut-être, et certainement moins attrayante que cette pureté naturelle : c'est la fraîcheur de l'âme; elle vaut la vertu, comme les couleurs du jeune âge égalent la beauté. Quelle mère risquerait tranquillement de ravir à sa fille quelque chose de cette virginité intérieure, quelqu'une de ces illusions de l'innocence que souvent ne perd pas la jeune femme, et d'altérer, par les conseils de l'expérience, la simplicité d'une nature ingénue? Assurément ce ne sera point la mère qui aura choisi le système d'éducation que propose cet ouvrage : ce sera plutôt celle qui suivra trop servilement les formes de l'éducation consacrée par l'usage. Je n'ai pas vu en effet que la pratique ordinaire fût fort attentive à épargner les impressions et les impulsions spontanées de nos jeunes filles. Au contraire, l'éducation toute réglémentaire dont on les persécute, s'attache à remplacer chacun de leurs sentimens par un précepte; et en vérité je puis demander qui respecte le plus la nature, de l'éducation qui enchaîne la raison, ou de celle qui la développe, et si l'on court plus risque d'ôter aux filles leur charme moral en leur inspirant des principes qu'en leur inculquant des préjugés.

Qui a donné le premier l'exemple d'imposer silence à toutes ces voix mystérieuses qui parlent si puissamment dans un jeune cœur, d'avoir pour chaque sensation une règle, pour chaque mouvement un frein, de mettre les femmes en défiance de tout, de hérisser leur esprit de maximes futiles et pédantesques, d'étouffer sous le poids des idées reçues toute liberté d'esprit, toute originalité dans les impressions, et de changer enfin les plus vives et les plus involontaires créatures en machines guindées et factices qui servent de parure à la société et dont les hommes font un jouet ?

Telle est la position d'où il faudrait retirer les femmes : une bonne éducation leur rendrait en quelque sorte la vie avec la raison. Déjà les événemens ont beaucoup fait pour elles ; il s'en faut que depuis quarante ans elles aient été ce qu'étaient leurs devancières. Aujourd'hui que les choses nouvelles se disposent à devenir durables, il faut que l'éducation accomplisse méthodiquement ce que tendaient de soi-même à faire les circonstances et le temps.

Mais de ce qu'on hasarde de jeter un peu de

philosophie dans l'éducation des filles, il ne s'ensuit pas que l'on prétende en faire des philosophes. On peut essayer dans un livre de se rendre raison de tout, et de poser quelques principes, sans pour cela vouloir rendre les jeunes personnes savantes comme un livre sur leur nature et leur mission. Sûrement c'est une belle chose que cette sagesse consciencieuse d'un homme qui sait les pourquoi et les comment de tout, et qui ne se détermine dans ses actions qu'en vertu de ses idées générales. Encore n'est-il jamais si bien instruit de tout, si bien préparé à tout, que nombre d'occasions ne se présentent où il ne puisse prendre conseil que de son penchant ou de son instinct. A mesure que l'homme s'éclaire, devenant vertueux par principes, il emploie et estime moins ses qualités naturelles, mais il ne les perd jamais entièrement; et s'il a raison de remplacer ou de surmonter par des vertus acquises ses mauvaises inclinations, il aurait grand tort de ne pas laisser faire un peu ses vertus involontaires; elles sont comme un patrimoine qu'il doit ménager et conserver, sans négliger de l'augmenter des fruits de son idustrie.

Tel est le modèle que doit, toute proportion gardée, reproduire la femme élevée comme je l'entends. Tant qu'elle sera très-jeune, tout en s'efforçant de lui donner des principes, on laissera en pleine activité ses qualités natives, dussent-elles quelquefois l'entraîner hors de la mesure. Il faudrait craindre de l'affaiblir en la mettant trop en défiance d'elle-même. D'ailleurs, à mesure que la vie se prolonge, elle ne prend que trop sur ces forces morales de la jeunesse : c'est un fonds qu'elle dépense, pour ainsi dire, et qu'elle ne renouvelle pas; et l'on peut s'en rapporter à l'âge pour refroidir cette ardeur, en dissipant les ignorances, les croyances ou les illusions qui la soutiennent. Mais c'est un fait d'observation que l'expérience du monde, qui atténue les qualités naturelles, confirme les qualités conquises par la raison. La vie gâte presque toujours un peu notre naturel; toujours elle peut éclairer, épurer notre raison : en ceci du moins nous sommes libres. Qui n'a éprouvé, en prenant des années, qu'il perdait de nobles besoins, de nobles répugnances, dont s'enorgueillissait sa jeunesse? Mais qui ne se sent aussi la puissance toujours renaissante de se défaire d'une erreur et de se corriger d'un défaut? L'activité de la raison peut donc croître à mesure que le naturel s'altère. Le secret de l'éducation est de préparer de longue main cette compensation. Telle doit être la prévoyance d'une mère et celle d'un mari. En effet, il vient un âge où les naïves impressions ne suffiraient plus à conduire et à préserver une femme au milieu des difficultés de la vie. Aussitôt même qu'elle est mère, elle doit réfléchir au lieu de s'abandonner; il faut quelque peu se gouverner pour élever une créature faible, ignorante, nullement maîtresse d'elle-même, et l'éducation n'est point une affaire d'inspiration. Il n'y a pas jusqu'à cette pureté ingénue, si attrayante chez une jeune femme, qui ne puisse devenir une faible garantie de leur honnêteté au milieu des séductions du monde. Ces séductions sont en effet de plus d'un genre; le sophisme n'est pas la moins redoutable, et les hommes n'ont pas encore perdu l'habitude de ces leçons savamment perfides qui désarment un esprit faible et ne s'émoussent que contre la raison. Le cœur est le moins sûr des conseillers; une femme accoutumée à n'écouter que le sien serait bien peu défendue par l'innocence. Si elle a pour son mari un attachement réel, mais sans enthousiasme, comment se défiera-t-elle des illusions décevantes d'une sensibilité et d'une imagination qui peuvent devenir coupables, sans cesser d'être pures? Le dévouement, le sentiment, la sympathie, sont des appuis, des attraits, souvent des supplémens de la morale; mais ils n'en sont rien moins que le principe. Un grand péril attend celle qui croit que les impressions d'une âme bien née sont toujours des devoirs : il n'en est pas ainsi; les femmes seraient trop heureuses!

CHAPITRE XI.

Observations préliminaires sur la jeunesse, la beauté et la vieillesse des femmes.

MON projet n'est point de prendre la petite fille sur le sein de sa mère pour la conduire jusqu'au moment où, devenue femme à son tour, elle rend à ses enfans les soins que jadis elle a reçus.

Je ne prétends point, à l'aide des ouvrages d'autrui, donner un plan circonstancié d'éducation pratique [1], mais seulement recueillant les perfectionnemens conseillés et adoptés, les reconnaissant partout où l'éducation m'en présente, je n'insisterai avec détail que sur les erreurs qui subsistent encore, surtout quand elles me paraîtront en opposition aux principes précédens.

Les petits moyens purement pratiques, in-

[1] Sous ce rapport, on pourrait trouver des conseils utiles dans l'ouvrage intitulé : *Éducation pratique, traduit de l'anglais de Maria Edgeworth.*

diqués dans les ouvrages d'éducation, sont plutôt une occasion de délassement pour l'écrivain qui les combine à son gré, qu'une ressource utile aux parens qui les étudient. Il est rare que les circonstances en comportent l'emploi, et il arrive souvent qu'on se dégoûte d'un système dont on a vu échouer les applications sous ses yeux, parce qu'à la vérité on s'était borné à suivre servilement son guide, sans auparavant s'être pénétré de ses principes. Je crois qu'il manque du sérieux à l'éducation de nos filles. La chose importante est de démontrer si j'ai tort ou raison, et le moyen est d'examiner ce qui s'est fait jusqu'ici, en présentant ce qui, selon moi, devrait se faire. La mère qui condamnerait mes idées, dédaignerait assurément les petites ou grandes machines que j'aurais mises en jeu pour en faire voir l'application; celle qui les approuvera, trouvera d'elle-même l'occasion de les mettre en pratique.

Mais, avant d'entrer dans cette espèce de controverse, il faut s'arrêter encore un moment sur quelques-unes des conditions de la vie imposées à toute créature, et à l'influence desquelles le plus faible échappe toujours beaucoup moins que le plus fort.

Les institutions divines et sociales destinent les femmes aux trois états de fille, d'épouse et de mère. La loi irrévocable de la nature partage leur existence en deux périodes très-distinctes et très-inégales, la jeunesse et la vieillesse. Il n'est donc pas hors de propos de considérer les différences inévitables qu'elles apportent dans notre situation, et de voir comment la même éducation est bonne pour tous les âges.

La vieillesse arrive tard pour les hommes; elle les dépouille lentement, et ne touche qu'imperceptiblement à leurs intérêts, à leur importance, à leurs plaisirs. La jeunesse des femmes, au contraire, est courte; la mauvaise santé ou la laideur la précipitent encore; convenons que rien ne remplace les biens et les avantages qui abandonnent une femme avec ses belles années. La déchéance est complète. Que sert d'avoir été jeune, quand on ne l'est plus? «Il y a si peu de femmes, dit l'une d'elles, dont le mérite dure plus que la beauté [1]. » Notre position se trouve alors à si grande distance de celle où nous nous étions vues, qu'il nous faudrait presque oublier cette brillante époque, comme d'ordinaire le monde l'oublie pour nous. Ce passage est dur; toute abdication de-

[1] Madame de Lambert.

mande du courage : pour éviter le mal de la surprise, il faut que la prévoyance l'ait d'avance émoussé.

Loin de moi cependant l'idée d'attrister les jouissances si naturelles de la jeune saison, par la préoccupation continue des pertes qu'elle doit subir ; non, tout le présent ne doit pas être sacrifié à un avenir incertain ; mais ne peut-il y avoir une manière de jouir des biens qu'on possède, qui permette d'enchaîner sans secousse les diverses périodes de l'existence ? Et puisque nos facultés morales conservent longtemps un degré d'activité peu en rapport avec la longue décroissance de notre être physique, n'est-ce pas à elles qu'il faut s'adresser pour obtenir la force de traverser sans découragement l'âge de la décadence ?

Le plaisir comme la douleur a des formes variées. Si dans la jeunesse une femme a porté tout son intérêt sur des émotions fugitives, si elle a cédé aux séductions de l'imprévoyance, et livré son fragile esprit aux futilités du beau monde, elle se présentera bien légèrement armée contre les atteintes du temps ; elle n'aura pas appris à supporter les revers de la nature ; et infailliblement elle tombera dans une telle détresse, dans un abattement si profond, qu'il serait possible qu'elle envisageât avec plus de fermeté la chance de la mort, que la perspective de la décrépitude. Mais si au contraire elle a considéré toute sa vie comme une mission sérieuse et continue, les circonstances inévitables entre lesquelles elle doit la poursuivre, lui paraîtront accessoires et lui seront moins sensibles; son cœur et son esprit lui offriront toujours les moyens de les apprécier, d'en jouir ou de s'en distraire.

Un présent, entièrement dévoué au plaisir, s'isole du reste de la vie. C'est une suite de scènes sans liaison, qui ne laissent qu'un souvenir attristant et confus; au moins une passion, tout en dévastant la jeunesse, laisserait l'âme moins vide et plus énergique. Ce n'est pas sans raison que le christianisme a grandi le repentir de l'homme ; car il suffit souvent pour lui rendre sa dignité.

Il m'arrive quelquefois en considérant tant de jeunes personnes qui se livrent si imprudemment, et j'ajouterai si innocemment aux seuls amusemens de la vie du monde, de me demander comment elles s'y prendraient pour vieillir, et cependant il faudra bien qu'elles vieillissent! Cette vie, en effet, de quoi se compose-t-elle? d'une infinité de petites actions indignes d'être classées soit dans le mal, soit dans le bien, et sans aucune importance que celle que leur a donnée ce code des convenances, vrai règlement de police de la société, peut-être utile à sa conservation, mais insuffisant pour la vertu. La morale de société tend toujours à la paix, elle veut qu'on se supporte, mais elle n'ordonne point de s'aider. Elle fait la vie facile mais personnelle; la morale divine seule parvient à la rendre libérale, et la fait ainsi pleine et grande. Par l'une tout est fini ou devrait l'être avec la mort, par l'autre l'avenir donne seul de la valeur au présent. Que de fois, dans ce qui s'appelle le monde à Paris, n'a-t-on pas pu répéter ce mot d'un homme d'esprit : « Quand je regarde les hom- » mes, j'en vois bien peu qui me paraissent » dignes de mourir? »

La philosophie du siècle dernier semblait avoir pris à tâche d'offrir aux hommes des moyens de s'intéresser en évitant de s'émouvoir. La résignation qu'elle prescrivait prenait vite l'air de l'indifférence. Ce vers

Glissez, mortels, n'appuyez pas.

a été cité comme le précepte de la vraie sociabilité. Mais il y a au fond de notre âme quelque chose qui pourtant nous dit que la destinée humaine ne doit pas être prise si légèrement, et que les mobiles de notre patience et de notre courage peuvent venir de plus haut. Au fait, *glissez, mortels*, convient à cet état de société qui rend les hommes étrangers à presque tous les grands devoirs. Mais la vie chrétienne, c'est-à-dire la vie de la charité, de la liberté et de la conscience, exige la connaissance et l'observation des conditions auxquelles on l'a reçue; et la philosophie, soutenue de cette idée que l'existence est une dette envers le Créateur, produira sûrement une résignation plus complète et plus digne que l'insouciance.

Apprécier les avantages de sa situation naturelle ou sociale, et cependant se réserver des moyens de supporter ses pertes ou ses déchéances, tel est pour chacun le secret du bonheur. Tous les biens sont si fugitifs, qu'alors qu'on les tient il faut encore prévoir qu'ils doivent nous échapper. Cette pensée, dans un esprit accoutumé à raisonner, n'affaiblit point la jouissance, et seulement la rend plus profitable. Et qu'on n'imagine pas que la réflexion doive nuire à la gaieté du caractère, ni obscurcir la sérénité de la jeunesse; ce sont les mécomptes inattendus qui causent nos plus grands chagrins ; c'est leur continuité qui produit le désespoir. Quelles ressources laissent-ils à un esprit léger et irréfléchi ? Le désœuvrement ajoute à toutes les douleurs comme à tous les vices. Mais qui sait penser ne craint pas de se trouver oisif ; l'occupation rend paisible, le repos supplée au bonheur, et l'humeur reste douce pour les autres et pour soi.

L'enfance, si nous ne l'attristons point, la jeunesse, si nous la laissons faire, sont des temps de jouissance et de bonheur. Il est facile, sans les déposséder de leur apanage naturel, de les munir de quelques idées sérieuses qui prépareront le repos et la dignité des derniers temps. Que la jeune fille apprenne ou qu'elle aperçoive le plus tôt possible la faiblesse de l'enfance, les droits de la jeunesse, mais en même temps à quelle condition et dans quel but ces droits lui sont donnés. Qu'elle porte ses regards sur la suite de sa vie, sur cet avenir moins brillant qui, se décolorant peu à peu, doit la conduire par la vieillesse à cette fin de tous, cette fin, cette mort inévitable, qui aura sa grandeur, si elle conserve son espérance : voilà toute la vie humaine qu'il faut apprendre sans cesse et de bonne heure à fondre avec la vie sociale.

Mais, pour obtenir qu'une pensée sérieuse puisse trouver place au milieu des émotions des premiers jours de la vie, il est essentiel qu'une mère indulgente et sincère, se rappelant ce qu'autrefois elle a senti et éprouvé, laisse un libre cours aux impressions naturelles à cet âge, quand même elles exciteraient un mouvement de vanité et d'enthousiasme.

Les charmes et les succès attachés à la jeunesse étant trop réels pour n'être pas reconnus par celle qui en jouit, celle qui voudra conseiller d'en jouir avec fruit ne doit pas feindre de les méconnaître. La mère éclairée représente à l'égard de sa fille l'une de ces divinités surveillantes que les anciens plaçaient auprès des mortels. C'est la sagesse, c'est la prudence sous des traits plus doux et plus chers que ceux de Mentor. Elle doit seconder la conscience sans la remplacer, elle doit condescendre à la jeunesse pour en être écoutée; elle doit comprendre son naïf orgueil, son doux entraînement; c'est en sympathisant avec elle qu'on peut prétendre à la conduire. Quels moyens d'influence et de persuasion n'aura pas une mère qui, s'armant ainsi de la seule vérité, convenant des avantages et des droits du bel âge, enseignera en même temps à sa fille sa liberté et ses devoirs ? Car c'est une harmonie de notre être, qu'aussitôt qu'il se développe en nous une force de plus, la morale nous dicte un devoir nouveau ; le pouvoir oblige, et la jeunesse est puissante.

A ce mot de *pouvoir*, quand il est question des femmes, l'imagination se rappelle aussitôt celui qui n'est donné qu'à quelques-unes, mais qui leur est si peu contesté, qu'il a suffi pour donner à toutes une réputation d'empire. Je parlais de la jeunesse, et j'avais peine à trouver des garanties contre l'abus de ce présent, qui ne manque à personne. Mais quelle tout autre circonstance, passez-moi le mot, quel tout autre accident que la beauté ! Que deviendront mes systèmes devant son empire ? ne seront-ils pas comme ces lois qui tombent devant un conquérant ?

Je crois que l'on peut tirer pour la morale un grand parti de la beauté. Mais il faudrait se garder, dans l'éducation d'une belle fille, d'user de dissimulation. Beaucoup de mères croient de leur devoir de tromper leur enfant sur ses avantages extérieurs, et, fières, au fond, de ses attraits, de lui donner les premières leçons d'une fausse modestie, en niant assez gauchement cette supériorité dont on augmente l'importance par le mystère. Il est de fait que la beauté est une puissance, et toute puissance ne se peut cacher; elle se révèle par l'obéissance qu'elle obtient. Ici la nature et la société sont d'accord; comment ne pas s'enorgueillir d'un succès général qui n'est point débattu? Cacher à une jolie personne la destinée qui l'attend serait élever un prince en lui dissimulant qu'il doit régner.

Un beau visage attire les regards, il doit préoccuper celle qui en est ornée, exciter sa vanité, peut-être même la disposer à l'égoïsme ou du moins au besoin de tout concentrer sur elle-même, de se croire la première pensée de tout ce qui l'approche. La beauté, en facilitant les succès, refroidit l'imagination, et par cette raison peut répandre quelque lenteur sur l'action des facultés intellectuelles, dont l'empire plus difficile devient alors secondaire. Elle a donc ses avantages et ses charges, ses défauts et ses qualités: c'est tout cela qu'il faut savoir quand on est fille, et dire quand on est mère.

Une petite fille réellement jolie intéresse tout le monde. On la loue avec plaisir, on la regarde volontiers, on l'avertit; sa mère s'en inquiète, et tandis que par ses regards elle lui confirme ce que chacun lui dit, elle s'efforce en vain par ses paroles de les démentir. Qu'arrive-t-il? La petite fille s'aperçoit bientôt qu'on veut l'abuser; elle s'accoutume à se fier davantage aux yeux de sa mère qu'à ses discours. Il est facile de taire la beauté, mais jusqu'ici on n'a pas trouvé de moyen de ne point la voir.

En thèse générale, une mère fait toujours bien d'apprendre d'avance à ses enfans ce qu'ils ne peuvent manquer de savoir par d'autres. Le droit de faire naître les premières impressions par les premières vérités lui appartient. Selon qu'il lui plaira d'avancer ou de reculer la révélation, elle placera l'enfant dans des relations où il sera plus facile de conserver son ignorance jusqu'au moment qu'elle aura choisi pour la faire cesser. Mais comme les petites filles sont très-éveillées sur leurs dons extérieurs, il faut les suivre de bien près pour aller aussi vite qu'elles, et toute l'activité maternelle aura beaucoup de peine à devancer leur coquetterie. Ainsi le meilleur parti pour une mère est de dire de bonne heure comme tout le monde, et de convenir, avec un accent fort simple, de la beauté de la petite, comme de sa bonne santé. Dans la suite, comme il est impossible qu'un tel aveu ne soit pas pris pour un éloge, on peut en atténuer le danger en le mêlant avec un autre éloge.

Il ne s'agit point de faire une belle femme humble, la nature l'a dévouée à l'orgueil; il faut s'en servir et l'appliquer bien [1]. Dans la première enfance, des parens qui ne se pressent point ont peu d'occasions de punir: il serait habile de laisser croire à la petite fille que cette indulgence systématique n'est qu'un résultat de sa bonne conduite. On lui fournirait des occasions de bien faire, on vanterait d'une manière sentie ce que son caractère offre de louable, et on ne laisserait échapper aucune occasion de lui démontrer quelquefois qu'il vaut encore mieux être *bien sage* que *bien belle*, car la beauté, qui fait qu'on reçoit un compliment dans la rue, n'empêche point d'être mise en pénitence et de s'aller coucher triste

[1] Madame de Sévigné rappelle à sa fille la réponse qu'elle fit un jour, tout enfant, à l'abbé de la Mousse, leur parent, et très-sévère janséniste. L'abbé reprochait à madame de Grignan l'orgueil que lui inspirait son extrême beauté. « Comment pouvez-vous être si fière, lui disait-il, de tout cela qui doit pourir un jour? — Voilà qui est fort bien, reprit la petite fille, mais, en attendant, cela n'est pas pouri. » Cette réponse est de très-bon sens.

(Tome IX, lettre 1154.)

et mécontente de soi ; ainsi voilà de premières idées sur l'effet de la beauté, sur le blâme qu'excite la mauvaise conduite, représenté par la punition ; enfin, sur l'action de la conscience.

De cette façon, il n'arriverait guère qu'une petite fille fût exclusivement occupée des charmes de son visage. Un peu plus tard, mais toujours d'aussi bonne heure que possible, on s'appliquerait à lui montrer, comme liées, ces deux harmonies, soit des qualités, soit des traits, qui font la vertu et la beauté. L'expérience du monde peut bien contrarier l'assertion ; mais cette expérience viendra tard, *le pli sera pris ;* il n'est pas ordinaire de voir la vertu se renier soi-même. Cette alliance est d'ailleurs vraie de vérité morale ou plutôt spéculative : je n'essaierai pas de le prouver ; Platon seul en avait le droit.

Je parlais de l'éducation d'un prince ; si j'avais l'honneur d'en être chargée, je m'attacherais incessamment à lui faire comprendre la rigueur des devoirs qui naissent de sa dignité. Je me montrerais sévère, en lui répétant ces paroles à toute occasion, « Si vous n'étiez » pas roi, j'exigerais moins ; » faisant toujours d'une servitude morale la condition d'un privilége. Il faut traiter de même la beauté, lui annoncer l'évidence qui l'attend, l'examen dont elle sera l'objet, les jalousies qu'elle excitera, les hommages qu'elle doit encourir, lui montrer enfin que sa mission exige des devoirs particuliers à toute personne destinée à *régner*. Dans le monde, les avantages d'une supériorité quelconque sont compensés par la défiance qu'elle inspire.

J'ai déjà dit que la beauté inclinait à l'égoïsme. Une belle personne est ordinairement bienveillante, mais il est rare qu'elle soit sensible. On est peu occupé des autres quand il y a tant de plaisir à se contempler soi-même ; on ne se hâte guère d'aimer quand on est sûr de plaire. Une morale sèche ne suffirait pas seule pour combattre ce penchant, et puisqu'en telle occasion il s'agit moins de détruire l'orgueil que de l'exploiter, ne craignons pas d'invoquer l'imagination.

Représentez vivement ce qu'il y a de noble et de charmant dans l'union de la beauté de l'âme avec celle des formes ; dites que dans le monde l'envie s'obstine à les prétendre toujours séparées. Exaltez le désir de réunir tous les mérites à la fois ; passionnez votre fille de l'idée qu'elle est spécialement chargée de séduire au profit de la vertu; enfin, par un mélange adroit de louanges et de conseils, de reproches et d'encouragemens, détournez sa coquetterie, en excitant chez elle une tendance habituelle à la perfection. C'est ainsi qu'en lui préparant des succès moins dangereux, vous aurez mis en réserve des consolations pour le temps où cette beauté doit aussi disparaître; car cette déchéance, unie à celle de la jeunesse, double la perte et la douleur.

C'est ainsi qu'on arrive à confondre dans une jeune âme la conscience de son devoir avec le sentiment de son droit. Beauté, richesse, naissance, bonheur, autant de circonstances qui produisent des obligations : là où elles manquent, les vertus et les qualités de l'esprit seront offertes en consolation. Les mérites spirituels ont cet avantage, qu'ils conviennent également à toutes les fortunes. Ils constituent la vraie distinction de l'homme, sa plus certaine existence; ils commencent son immortalité; le reste périt à chaque pas.

Quand j'ai trouvé qu'il y avait à dire sur les femmes, ce n'est point seulement parce que j'ai cru apercevoir un défaut d'équilibre entre leur nature et leur position, c'est encore parce que j'ai été frappée de l'ennui qu'elles éprouvent, et que les plus sincères ne dissimulent pas. Celles qui ont été malheureuses ne se plaignent point que leur destinée les ait laissées inactives. La souffrance ne surmonte les forces qu'après les avoir épuisées, et le repos de l'oisiveté est doux pour l'abattement. Mais les femmes qui s'ennuient, qui reprochent souvent à la vie sa durée, qui trouvent les jours si vides, les heures si lentes, sont précisément les femmes heureuses de tous les bonheurs que le monde procure. Qu'elles soient belles, riches, saines, ornées de talens ; même de l'instruction que la société prescrit ou tolère, il n'importe, la plupart n'échappent point à l'ennui. On les entend gémir du poids du temps, et souvent avouer que si elles l'occupent, c'est moins pour l'employer que pour l'user. User le temps, quelle imprudence! Insensées qui frémiraient d'atteindre le terme de leur carrière, et qui la dévorent d'avance, sans avoir l'excuse d'aucun entraînement !

Attristée, je l'avoue, de cette inconséquence, j'en ai cherché la raison, et j'ai cru la reconnaître dans l'absence presque continuelle de tout intérêt sérieux, intime, indépendant de l'âge et des circonstances, qui se prête à toutes les époques de la vie, occupe sans cesse la conscience, et mette en activité cette portion de nous-mêmes si peu faite pour demeurer inerte, puisqu'elle ne doit point mourir.

L'oisiveté de l'âme, qui dessèche même la jeunesse des femmes, est bien autrement pénible dans l'âge plus avancé; et c'est celui qui se prolonge le plus. Sous peine de ridicule, il faut que nous n'oubliions pas, même pour notre bonheur, que nous ne sommes jeunes qu'un instant. « Vieillesse avouée est moins vieille, » dit madame de Lambert : on se fait aux inconvéniens qu'on s'avoue; la pire des situations est toujours celle où l'on s'évite soi-même dans l'espoir d'échapper à la vérité; cela est fatigant, même quand on a toute sa force; plus tard, on s'y épuise presque toujours sans succès.

La société a offert aux femmes des moyens divers de remplacer les pertes du jeune âge; mais ils ne peuvent jamais être assez généraux pour s'adapter à toutes les circonstances. Enfin, quelque sorte de philosophie qu'on appelle à son secours, soit qu'on cherche des consolations dans le dénigrement de ce dont on ne peut plus jouir, et qu'ainsi que dit Montaigne, *on se venge par en médire;* soit qu'à force de remords ou de découragement on s'enfonce dans l'insouciance de l'incrédulité, qu'on se livre heure par heure à de futiles passe-temps, ou qu'on s'impose les pratiques multipliées d'une dévotion pour ainsi dire toute matérielle; rien de tout cela ne suffit à chasser l'ennui de l'âme; tout cela, dans le fond, pure oisiveté mal déguisée. Et pourquoi? C'est que l'être raisonnable n'a point été mis dans le monde pour s'y distraire, mais bien au contraire pour s'y préoccuper.

Madame de Sévigné prétendait qu'elle ne comprenait point cette parole, Il est trop tard pour se corriger; j'entendrais bien mieux, ajoutait-elle, que ce fût la jeunesse qui dît : Il est trop tôt. Il y a bien de la raison sous cette réflexion : en l'approfondissant, on y trouverait le secret de notre destinée et l'explication de l'ennui que nous éprouvons sitôt que nous cherchons à nous en écarter. Penser, combattre et vaincre, voilà la véritable vie, voilà la source de l'intérêt; hors de là, il n'y a que découragement et langueur. Une femme qui n'excite plus aucune émotion reste encore susceptible d'en éprouver beaucoup. Je ne sais si cette contradiction vient de sa nature même ou de celle que la société lui a faite; j'ose à peine interroger la Providence à cet égard, craignant d'avoir à me plaindre des difficultés de notre tâche; mais quoi qu'il en soit, données ou acquises, il faut bien accepter ses charges, en tirer parti, vivre enfin; c'est-à-dire connaître les moyens d'y satisfaire et les dangers d'y manquer, les devoirs et les passions, les joies et les alarmes de la conscience, et soutenir sans relâche cette activité intérieure qui seule repousse efficacement l'ennui et domine les effets du temps.

Bien des femmes aujourd'hui regrettent l'ordonnance de la société passée, et s'y croient autorisées, parce que, disent-elles, ces priviléges accordés à certaines classes, ce préjugé des rangs, ces usages devenus des droits pour quelques-uns, avaient au moins l'avantage de favoriser les femmes à toutes les époques de leur vie.

Ne cherchons point s'il n'y a pas aussi trop peu de générosité à regretter un ordre de choses commode seulement pour un petit nombre; il vaut mieux croire que celles qui déplorent la mort du passé ont ignoré ses défauts; seulement demandons à quelle époque il faut placer ce passé si cher et si propice à notre sexe. On voit dans les lettres de madame Du Deffant que, « la vie du monde est oisive et

» aride, qu'on ne peut espérer un peu de con-
» versation que vers la fin de la journée, et
» qu'il faut vivre seule et comme l'on peut le
» reste du temps; » madame du Châtelet se plaint dans les siennes « de l'insouciance des » hommes à l'égard des femmes, hors le cas » où leur amour-propre serait flatté de les » préoccuper un instant, pour les délaisser » après. » On trouve ces propres mots dans un petit traité de madame de Lambert : « Les » hommes se sont séparés des femmes et ont » perdu la politesse et cette fine délicatesse qui » ne s'acquiert que dans leur commerce. » On sait ce que madame de Maintenon écrivait sur le vide où demeurait l'âme au milieu de la société de son temps. Il y a dans les lettres de Bussy quelques plaisanteries sur la nécessité où madame de la Fayette fut réduite de placer son roman au temps de Henri II, afin d'y trouver des modèles à ses personnages si constamment galans et attentifs pour les femmes. Sans beaucoup de peine, je prouverais qu'en tout temps les femmes ont éprouvé des mécomptes et senti le poids de la vie, quand elles n'ont pas cherché en elles-mêmes des moyens de l'intéresser.

Après une vie pleine et brillante, nous dit-on, les vieilles femmes prenaient leur place de repos dans le monde, à peu près comme on voit une maîtresse de maison s'établir au coin de la cheminée de son salon. La jeunesse venait agir autour d'elles, vivre sous leurs yeux, consulter leur expérience sur les choses de goût et de convenance, rechercher leur approbation; et la perte des moyens de plaire était consolée par le plaisir de la domination. Ces égards accordés aux vieilles femmes, ajoute-t-on, cette politesse raffinée qui les prenait pour juges, avait une ressemblance avec la morale, puisqu'elle prolongeait l'intérêt qu'on doit encore à des créatures raisonnables, même quand elles n'ont plus à apporter aucune part d'action dans l'association humaine. Oui, mais cette ressemblance avec la morale ne vaudra jamais la morale elle-même, surtout à cette époque de la vie où l'imagination refroidie ne peut plus mettre ses jouissances dans les illusions. Tous ces usages du temps passé sont marqués à la même empreinte : partout ils mettent la forme à la place du fond. Ils semblent avoir été conçus par des personnages qui feraient une première répétition de la vie, comme on voit des acteurs réciter d'abord en se jouant un drame sérieux; retranchant de leur rôle, les longues tirades et les mouvemens animés, pour ne garder en commençant que ce qu'on appelle *les mots du guet* et *les répliques*, ils remettent à une autre fois la gravité, la force et le sentiment. Considérer la vieillesse, consulter son expérience, faire diversion à son isolement, chercher les occasions de la distraire de ses pertes, soulager sa tristesse naturelle, lui prouver encore un intérêt doux dans ce monde qu'elle va quitter, tout cela sans doute est bien, et peut rentrer dans les devoirs naturels et chrétiens. Mais si de pareils soins sont remplis dans une simple intention de bonne grâce et de savoir-vivre, s'ils résultent d'une convention superficielle qui dispense de réfléchir sur les raisons qui la justifient, s'ils ne sont point estimés comme des devoirs, mais comme des bienséances, alors je doute qu'ils établissent entre les individus une association solide et affectueuse, et surtout qu'ils procurent à celles qui en sont l'objet des pensées et des jouissances capables d'intéresser leur vie.

« Les vieilles femmes paraissaient heureuses » autrefois, elles étaient aimables dans le » monde. » — Je le crois ; elles devaient s'y montrer avec cette disposition qu'y portent les aveugles. On remarque qu'ils y sont beaucoup moins tristes que les sourds, parce qu'au milieu de la société la privation qu'ils éprouvent est distraite par l'activité des sens qui leur restent. Mais qu'on essaie de pénétrer dans leur solitude, et il y a toujours bien de la solitude dans la journée d'une femme; qu'on lise les ouvrages où elles ont osé raconter ce qu'elles éprouvaient; qu'on interroge leurs lettres, ou plutôt que l'on se consulte soi-même, et l'on verra si ce genre de vie tout factice peut suffire au besoin d'une âme que Dieu a faite pour toujours découvrir et se perfectionner toujours. Je connais une jeune et belle femme qui, dans la vivacité de son enthousiasme pour le bien, se promettait de le poursuivre sans cesse, quand même elle n'eût acquis, disait-elle, la dernière qualité nécessaire à la perfection que la veille de sa mort. Si elle persévère, elle peut compter, quoi qu'il arrive, sur une existence pleine et animée. Toute femme qui éprouverait le même désir, fût-ce à un moindre degré, acquerrait une indépendance de l'âge, du temps et des circonstances, le plus sûr pour elle comme le premier des biens.

S'éteindre avant le temps, détourner la réflexion par des frivolités, demander aux autres des occasions de penser au lieu de les tirer de soi, tout cela exige des efforts qui coûtent beaucoup et laissent peu de satisfaction. La vieillesse ne peut éviter le sentiment triste de son dépérissement; mais si elle le met aux prises avec la verdeur de la jeune génération qui l'entoure, elle s'apercevra bien plus de ce qui lui manque; le plaisir de diriger ne la consolera pas du tout, et d'ailleurs il peut lui manquer. Ce qui ne manque point, c'est le devoir, c'est la conscience, c'est ce reste de mission qu'il faut exploiter jusqu'au dernier jour, car elle renferme aussi l'obligation de bien mourir.

CHAPITRE XII.

De l'éducation des filles dans la première enfance.

QUI se connaît soi-même est bien avancé dans l'art de pénétrer et de juger les caractères, et cet art est le fondement de toute éducation. Mais pour se connaître, il faut s'être examiné dans ses pensées et ses actions. Nous marions nos filles si jeunes, qu'elles n'ont pas eu réellement le temps de rien regarder. Hors de Paris, on les marie un peu plus tard, mais on les tient dans un état de dépendance qui sert à prolonger ce qu'on appelle l'air de jeunesse; et pour soutenir cette petite ruse, qui ne trompe personne, on court le risque de les faire femmes et mères, c'est-à-dire de leur donner les plus grands devoirs envers autrui, sans qu'elles aient appris seulement à se conduire pour elles-mêmes. Si les habitudes reçues pouvaient se rompre tout à coup et que l'on consultât la nature, je crois que l'âge de vingt-cinq ans serait celui qu'elle prescrirait pour le mariage des filles; mais nos mœurs s'opposant à des transitions si brusques, au moins pourrait-on bien attendre qu'une fille eût dépassé sa vingtième année, et ne rien épargner jusque-là pour hâter la maturité de sa raison.

Il est bien difficile qu'une jeune personne, jetée comme à l'improviste dans toutes les émotions du ménage, n'apporte pas dans sa maternité naissante quelque chose des puériles habitudes de sa récente enfance; son maillot lui apparaîtra toujours un peu comme une poupée vivante, et son premier sentiment pour lui se confondra avec le plaisir qu'elle trouve à le parer et à s'en divertir. Comme ici-bas les dangers touchent toujours de très-près aux jouissances, les plus naturelles ne peuvent se passer de la raison.

Rousseau a reproché aux mères de son temps de se tenir écartées du berceau de leur enfant; peut-être aujourd'hui leur reprocherait-il d'y demeurer trop attachées, et de troubler le repos dont il doit être environné. Sûrement du moins il blâmerait ce luxe nouveau qui décore avec tant de goût le petit ménage des nouveau-nés. L'élégance a fait de grands progrès en France, elle se mêle aux soins d'une extrême propreté fort utile aux enfans. Mais si les petits garçons et les petites filles d'autrefois, du reste assez mal soignés, offraient un aspect fort ridicule, les uns avec leurs habits brodés et leur épée, les autres frisées, poudrées, surchargées de lourdes étoffes comme leurs mères, je ne crois pas qu'il soit beaucoup plus raisonnable d'orner nos enfans, sous un vêtement plus commode, de tout le faste des broderies que fournissent les boutiques de nos lingères. Rien n'est si joli dans les promenades que cette foule d'enfans qui s'y jouent en liberté; leurs visages frais et nets témoignent les soins dont ils sont l'objet; leurs cheveux bouclés ont passé et repassé dans les doigts maternels; leur costume décent par sa forme donne de l'aisance aux mouvemens, il faut s'y tenir. Mais ne peut-on supprimer cette profusion de dentelles et de falbalas dont les petites filles se montrent si fières, et qui les rendent propres à être exposées comme de jolies poupées? Ce luxe a une apparente simplicité qui disparaît aux yeux *des connaisseurs*. Mieux le goût l'a dissimulé, plus il a peut-être d'inconvéniens; je me souviens qu'un jour j'admirais la robe et le pantalon de perkale d'une petite fille de huit ans dont on avait brodé et orné ce que nous appelons les garnitures, avec une recherche qui sûrement devait avoir coûté fort cher. La petite, qui paraissait très-contente de voir sa toilette devenir l'objet d'un examen attentif, me répondit avec cet air demi-vrai, demi-content, qu'elle avait vu prendre à quelques femmes qui sur l'article de la parure font toujours des aveux d'humilité et des déclarations de modestie toutes pleines de petits mensonges : « Cela est » pourtant bien simple. » Je ne sais si *elle se donnait un air*, ou si l'habitude lui faisait croire qu'une robe blanche si ornée n'était qu'une parure ordinaire, mais dans ce cas il n'était nullement bon de lui avoir donné l'idée qu'il fallût dépenser beaucoup d'argent pour être vêtue simplement. Pendant qu'elle me parlait, près d'elle était une de ses compagnes, à peu près du même âge, dont la robe blanche n'avait aucun ornement; et la manière dont ces deux petites filles se regardaient en ce moment ne me parut déjà plus appartenir à l'enfance, et me causa un sentiment de pitié pour l'une et pour l'autre.

Ce luxe, appliqué à la toilette des enfans, devient quelquefois une occasion de dépense qui peut bien déplaire à la raison d'un mari, mais dont il n'osera se plaindre par condescendance pour les faiblesses d'une mère. Mais pourquoi faut-il qu'à ses yeux les débuts du sentiment maternel apparaissent sous la forme d'un véritable enfantillage?

Rousseau a déclaré si positivement que la coquetterie était native chez les femmes, et elles ont si volontiers consenti à le prouver par le fait, que je n'essaierai de démentir ni les femmes ni Rousseau. Je me borne à souhaiter que, comme de la beauté, on tire parti de la coquetterie; c'est une habileté nécessaire que de mettre tout à profit, les défauts comme les qualités, les avantages comme les inconvéniens. On pourrait essayer de tourner d'abord la coquetterie des petites filles vers le soin de leur personne et de leurs vêtemens, ensuite, de les habituer par l'exemple et le conseil à choisir ce qui leur sied plutôt que ce qui est cher ou seulement à la mode. Les idées de proportion et d'harmonie appliquées à tout donnent quelque importance morale aux choses les plus légères. La parure d'une femme peut être conforme ou opposée à l'expression de son visage, à la nature de son caractère, surtout à sa situation dans le monde. Il y a, pour les maris, des professions qui commandent un extérieur différent à leurs femmes, et cela, dans toutes les classes de la société. L'épouse du premier magistrat du lieu ne devrait pas frapper les regards de la même manière que celle d'un gentilhomme de la chambre; et, là où la considération s'attacherait surtout aux fonctions patriotiques; le droit accordé à cette femme d'un homme de cour d'attirer l'attention par un luxe plus éclatant, pourrait promptement cesser d'être regardé comme un privilége.

Ces détails indiquent suffisamment, ce me semble, comment une pensée sérieuse peut se mêler à tout, et tout diriger dans l'éducation. Je ne doute pas qu'on ne trouve que je fais abus du sérieux, et qu'il y a pédanterie à porter de la moralité jusque dans la toilette. Les hommes légers auront pitié de ces conseils; les jeunes femmes peut-être s'indigneront qu'on veuille aussi régler systématiquement les soins involontaires, les mouvemens abandonnés, les plaisirs entraînans de la maternité. Quand on s'occupe de l'éducation, on croit n'avoir affaire qu'aux enfans, mais on s'aperçoit bientôt qu'il faudrait reprendre celle des parens. Pour élever en effet la petite fille au berceau, j'aurais besoin que la mère eût été élevée comme elle, et dans un chapitre destiné à tracer des règles pour la première enfance, je me vois conduite à donner des leçons aux jeunes filles qui se marient. On me passera ce manque apparent de méthode, c'est au fond l'ordre naturel du sujet. Pour instruire les enfans, il faut avoir éclairé les mères.

Comment pourrais-je espérer d'être entendue en effet de ces jeunes femmes élevées selon le monde, qui ne les croit naturelles que lorsqu'elles sont évaporées, ou raisonnables que lorsqu'elles sont rusées? J'ai besoin qu'elles soient réfléchies et sincères; j'en ai besoin surtout, lorsque je vais entreprendre d'indiquer des règles pour la pratique du sentiment le plus impérieux et le plus libre, de la tendresse maternelle.

Les femmes sont destinées à éprouver des sentimens de plus d'un genre. Ceux dont les excès ne font de mal qu'à elles demeurent au jugement de Dieu, et devraient être indépendans de celui des hommes. Il faudrait respecter le secret des combats qu'elles ont alors à supporter avec leurs joies et leurs peines, et les laisser ensevelis au fond de leur pauvre cœur. Mais quand nos affections peuvent, selon la manière dont elles se manifestent, influer différemment sur ceux qui les inspirent, force, c'est-à-dire devoir est bien qu'elles s'accordent et se soumettent à la raison. On sait comme la nature éveille sur-le-champ toutes les sortes de tendresse et de dévouement chez une femme devenue mère. Il n'en est pas une qui, dès le premier des jours de son enfant, ne fût prête à lui sacrifier les siens. Ses moindres souffrances la pénètrent d'effroi, ses cris prolongés lui arrachent des larmes; craintive de tout pour ce cher et nouveau trésor, une mère croit apercevoir une chance de le perdre dans le moindre malaise qu'il éprouve sous ses yeux: entraînée au printemps de sa vie par une émotion si naturelle et si légitime, une jeune femme ne pense pas le moins du monde qu'elle doive s'en défendre; et loin de là elle s'y abandonne avec enthousiasme. Malheur à l'époux, à sa mère, à ses amis, qui s'aviseraient de lui faire apercevoir les inconvéniens d'une tendresse trop inquiète! Et cependant les plus vraies jouissances nous sont tellement accordées en ce monde à un certain prix, que dans les plus intimes et les plus innocentes nous découvrons des devoirs importans. Cet amour qu'inspire un enfant, avec tous les caractères de la passion, doit avoir encore tous les effets de la prudence: pour une mère il ne s'agit pas d'aimer seulement. Les jeunes femmes sont bien peu capables d'apercevoir tout cela d'elles-mêmes, ou de consentir à s'y soumettre. La plupart d'entre elles repousseraient avec emportement ou mépris les conseils de modération qu'on voudrait leur donner. Curieuses et charmées d'être si purement émues, elles se persuadent que c'est une condition essentielle de leur état que de se livrer au trouble que le moindre incident leur cause, et qui devient tel quelquefois, qu'en étant de beaucoup les plus intéressées, elles sont les moins propres à secourir et à conserver l'être frêle qui leur est confié. L'instinct maternel est admirable, il remplace presque tout, quand il est soutenu par l'habitude d'exercer sa force sur soi-même : mais s'il se complique des vivacités de l'imagination, toutes les actions se précipitent, une souffrance vive les accompagne et les confond ; elle est presque un tort, puisqu'elle s'oppose à l'accomplissement de la mission qu'on a reçue.

Qu'une femme soit donc bien convaincue que ce qui nuirait aux autres, même dans sa manière d'aimer, doit être réprimé ; et *quels autres* pour elle que ses enfans, si je puis m'exprimer ainsi et croire que je serai suffisamment comprise ! Il faut qu'elle sache d'avance que dès les premières occasions, quand il serait si naturel, si excusable de se montrer faible, elle acquerra de grands droits à la confiance d'un mari qui ne la connaît pas encore toute entière, si elle lui prouve ce dont la rend capable le sentiment éclairé de ses devoirs. Il y a grand profit à paraître de bonne heure sage et courageuse devant ce compagnon de notre vie qui n'oubliera pas un effort entrepris pour lui et pour la raison : non qu'il s'agisse de remplacer une exaltation par une autre et d'imposer le stoïcisme à la sensibilité maternelle ; je ne demande point des mères spartiates, mais des mères chrétiennes, qui sachent encore réfléchir dans l'inquiétude et dans la joie, se contenir dans l'ivresse et se gouverner dans la douleur. Elles ne diront point comme Arie : Pétus, cela ne fait point mal; mais : Cela fait mal et il le faut.

Il est superflu d'insister sur les soins physiques qu'exige la première enfance ; le temps est passé où de tels conseils étaient indispensables. La philosophie des sensations poussée à l'extrême dans le siècle dernier, et qui, secondée en France par une disposition à la fois sceptique et frivole, faillit mettre l'âme hors de cause dans l'action de la vie humaine ; cette philosophie, qui nous a tant égarés, a du moins eu l'avantage d'attirer une attention utile sur toutes les choses qui se rapportent aux organes et à leurs besoins. C'était bien le moins qu'on pût faire en faveur de la matière dont on tirait si grand parti, que de pourvoir aux moyens de la maintenir intacte et saine. Les sciences relatives à la conservation, à l'amélioration de la vie, y ont gagné; et depuis cinquante ans leurs progrès sont continuels. Rousseau s'est occupé avec succès du régime des enfans; les deux premiers chapitres de son Émile me semblent propres à bien diriger les mères; mais je ne crois point cependant qu'elles soient obligées de s'assujettir sans réflexion à l'obligation solennelle qu'il leur impose de nourrir leurs enfans. Alors qu'il écrivait, un travers absolument contraire à la nature et à la morale rompait les liens maternels. Il avait à combattre de sots usages, des coutumes dépravées, une insouciance factice que protégeait la mode. Il a dû parler fort pour être entendu, et fouler aux pieds toutes ces considérations qui l'irritaient à bon droit. Mais aujourd'hui que les sentimens naturels ont repris leur empire, que les femmes ont plutôt à lutter contre leur excès, ce n'est plus, dans l'état où la société les place, ce n'est plus un devoir pour elles de nourrir leurs enfans. Rien n'oblige une femme délicate et trop jeune d'affaiblir ainsi sans ressource, je le sais, une constitution déjà faible, pour donner à son enfant un tempérament probablement appauvri. Sans mettre aucune exaltation à ce premier plaisir de la maternité, elle fera sagement de consulter ses circonstances de tous genres, de suivre les conseils des médecins, la volonté de son mari, les avis des personnes qui l'aiment. Les préjugés qui exagèrent les obligations des diverses conditions de la vie doivent être évités à l'égal de ceux qui tendent à les atténuer.

Quoiqu'il soit très-certain que les progrès de la science et des mœurs aient déjà depuis long-temps diminué la mortalité des enfans, et que communément leur extérieur annonce la santé et le soin, toutefois, par une triste contradiction, ces enfans, si exactement surveillés, n'ont pas composé une génération aussi fortifiée qu'on pouvait l'attendre. Les petites filles de Paris surtout sont presque toutes devenues des femmes délicates ou des mères infirmes. Sans rechercher les causes médicales de cette apparente inconséquence, sorte d'entreprise dont je me tirerais sûrement très-mal, quelques circonstances m'en expliquent une partie. D'abord les soins, le régime et l'art ont peut-être fait vivre beaucoup d'êtres délicats qui, dans un autre temps, n'eussent pas lutté si heureusement contre la souffrance. En second lieu, les influences morales qui ont agité notre génération ont pu multiplier et diversifier les émotions au point d'altérer, en affaiblissant les mères, le principe de vie des enfans; enfin, et cette raison rentre dans mon sujet, nous marions nos filles lorsqu'à peine elles ont pris leur croissance; avant que la nature ait achevé le travail nécessaire à un seule, on la force de se partager pour l'existence de deux. Aussi voyons-nous la plupart de nos jeunes mères, après avoir donné le jour à un premier enfant, demeurer dans un état valétudinaire qui fait peine à observer, qui gêne leur existence, et les rend incapables de remplir une grande partie des engagemens pris devant Dieu à l'égard d'un époux, de la société, et d'elles-mêmes.

Ici se place naturellement un conseil dont l'expérience m'a montré les avantages. Les femmes sont propres aux soins physiques. La souffrance les touche, et bien loin d'effrayer leur délicatesse, le triste aspect des maladies éveille en elles une sollicitude secourable. A quelque excès que la mollesse et le luxe les ait énervées, jamais on n'a vu s'éteindre entièrement en elles cet instinct charitable, cette vocation de *sœurs-grises* qui leur est commune à toutes. Mais à cet égard encore, satisfaites et fières de suivre le penchant de pitié qui les domine, il est rare qu'elles sachent le diriger et le contenir par la réflexion. Quand elles secourent les malheureux ou les malades, le dévouement qui les anime leur paraît suffire à tout, et leur zèle n'est pas toujours selon la science. Quelquefois même elles écoutent impatiemment les conseils, et y opposent avec quelque présomption, soit l'empirisme de leur charité, soit une médecine d'inspiration. Voici encore une occasion de les préserver contre l'entraînement du bien et l'illusion d'un bon sentiment. Précisément parce que c'est un instinct tout-puissant qui les porte à soigner ceux qui souffrent, et surtout leurs enfans, leur mari, leurs domestiques, le devoir est ailleurs, le devoir est de le bien faire, c'est-à-dire de le faire raisonnablement.

Les médecins se plaignent souvent des embarras qu'ils éprouvent par la faute des mères trop ignorantes ou trop faibles. Ils déplorent à juste titre la perte de temps qu'elles leur causent, les observations puériles qu'il leur faut combattre, les préjugés qu'il faut vaincre, les complaisances qu'on exige, les alarmes ou les négligences également hors de propos. On obvierait à tout cela avec un peu plus de réflexion et de lumière. Il suffirait qu'une femme apprît par quelque étude à les comprendre, et quand elle ne le peut, à savoir que le devoir est de déférer l'autorité de la science, sans rien chicaner, sans rien éluder. Les médecins d'aujourd'hui n'ont plus de ces ridicules dont Molière tenta de les corriger. Ils ont pareillement abandonné cette existence factice que leur donna plus tard cette singularité de modes qui allait à tout défigurer. Nous ne rencontrons plus auprès du lit des malades ni dans les boudoirs des belles dames, le Purgon du *Malade imaginaire* ni le docteur musqué du *Cercle*. Nos médecins remplissent naturellement et simplement les devoirs de leur noble état; dans le sein des hôpitaux ou à la suite des armées, témoins long-temps des souffrances du pauvre ou du soldat, la plupart se sont rapprochés de la nature, ils ont vécu avec l'humanité toute entière, ils se présentent dans le monde avec la confiance du savoir et le sentiment des vertus qu'ils exercent. En général ils excitent l'intérêt et les égards, *parce qu'ils ont pris sé-*

rieusement leur mission. On pourrait les admettre très-utilement dans l'intérieur des ménages. La société d'un médecin éclairé, et il y en a beaucoup maintenant, serait fort avantageuse pour la mère de famille. Sa conversation, écoutée dans un intérêt pratique, la préserverait d'une foule d'erreurs et même de dangers qui suivent les minuties de l'ignorance. Elle s'instruirait pour le salut de tout ce qui l'entoure.

Une femme pourrait être taxée de sotte pédanterie ou de vaine curiosité, si elle s'informait sans discernement des choses qui ne servent qu'à la parade de l'esprit ou qui lui feraient perdre son temps, car elle n'en a guère à perdre : mais quelque savoir est nécessaire à qui veut se défendre d'agir mal à propos. Les gens les plus éclairés ne sont pas à beaucoup près les plus agités ; l'esprit tranquillise et le savoir rassure. Qui donc pourrait blâmer ou sourire, parce qu'une femme aura cherché dans la conversation d'un homme instruit des idées plus justes sur les moyens de conserver ce qu'elle a de plus cher au monde ? Si elle sait bien que les connaissances chez les personnes de son sexe ne doivent être acquises que dans un but utile, elle s'arrêtera d'elle-même là où elle n'apercevra plus la nécessité de savoir. Presque naturellement les femmes ont en tout du tact. Il est très-facile de les pénétrer de ce précepte de Fénélon : « Apprenez-leur qu'il doit y avoir » pour leur sexe une pudeur sur la science, » presque aussi délicate que celle qui inspire » l'horreur du vice. » Mais il ne faut pas oublier que ce même Fénélon disait : « L'igno- » rance d'une fille est cause qu'elle s'ennuie » et qu'elle ne sait s'occuper innocemment. » — Et tout cela peut s'accorder.

CHAPITRE XIII.

De l'autorité dans l'éducation.

BIEN élever un enfant dans le sens moral, c'est lui faire contracter le goût et l'habitude des volontés vertueuses. Mais est-ce lui en donner la raison? L'éducation doit-elle lui dicter d'avance le formulaire de tous les devoirs, ou mettre son âme en état de les discerner, de les connaître et de les vouloir dans l'occasion? Voilà, au fond, je ne l'ignore pas, la grande question qu'il faut avoir résolue pour oser proposer un système. Déjà plus d'une fois j'ai nettement énoncé mon opinion. Mais à présent que nous sommes sortis des idées générales, à présent que nous avons franchi le temps où l'éducation est purement physique, et que la vie morale vient de poindre pour notre élève, je serais arrêtée à chaque pas, si je n'avais pas mis dans tout son jour, et, si je puis, hors d'atteinte, le principe qui anime tout cet ouvrage.

Le sentiment du bien et du mal est en nous, c'est l'instrument donné pour en obtenir la connaissance ; mais il faut savoir le saisir et l'employer. Trop souvent dans l'éducation nous cherchons à le suppléer. Nous commençons par défendre ou permettre d'agir à nos enfans comme le défendent ou le permettent nos usages : travail inutile et qui ne fructifie point ; c'est nous procurer seulement un plaisir pareil à celui qu'eux-mêmes éprouvent lorsqu'ils font mouvoir une marionnette. Un avertissement fondé sur la coutume ne saurait être présenté que sous la forme despotique de la signification d'un fait. « Cela est, car le monde » l'a réglé : » telle est l'expression simple que l'on déguise comme on peut. Je suis loin de la trouver mauvaise ; je n'en sais pas même de plus propre à déterminer, sinon l'approbation, du moins la soumission, et c'est en général tout ce qu'on souhaite ; mais les conventions ne composent qu'une morale secondaire et tout extérieure, dont je voudrais qu'on s'occupât plus tard, et après avoir préalablement tourné un jeune esprit vers une autre espèce de devoirs qui se prouvent autrement et qui touchent de plus près. Entre autres motifs, il en est un particulier au temps où nous vivons.

L'extrême civilisation a bien un peu amolli les caractères; ce n'est certes pas l'excès de l'énergie qui peut aujourd'hui compromettre le repos des peuples ni la conduite des individus, et peut-être que le mécontentement assez général qui se montre partout, malgré le bien-être général aussi, dérive de ce désœuvrement forcé dans lequel l'existence commune, maintenant si unie, si régulière, tient nos facultés les plus actives. La manière de vivre a rendu la vie facile et toute convenue. Il n'y a plus de parti à prendre; la plupart des forces de l'âme restent sans emploi, et quand l'Évangile n'ordonnerait point à la main gauche de se cacher de la droite, je crois encore que seulement par prudence, et pour n'être point taxé de singularité, il y a des vertus fortes qu'il faudrait se garder d'exercer publiquement[1]. Tant que la barbarie marche vers la civilisation, l'invention des usages et la soumission à ce qu'ils règlent est un perfectionnement. Mais

[1] Ceci paraîtra contestable, si l'on ne remarque pas qu'il ne s'agit que de la vie privée. La vie politique est aujourd'hui suffisamment agitée et difficile. C'est précisément parce que l'existence habituelle devient aisée, c'est parce que chacun peut, sans trop de peine, cultiver son esprit, soigner sa fortune, veiller à ses intérêts, à sa conservation, à ses plaisirs, que presque partout on aspire à

quand cette civilisation a touché un certain terme, ce qui ravive les hommes, ce qui les tire du commun, ce qui les excite à demeurer eux-mêmes et non les poupées de la société, c'est là ce qui les perfectionne.

Nous façonnons nos petites filles pour leur attirer le plus tôt possible les louanges de cette société où elles tiennent une si petite place. Elles sont si bien apprises, que j'en connais qui sauraient au besoin représenter très-passablement leur mère absente, faire toutes les révérences d'usage, et même placer avec tact toutes les formules de la civilité. On se hâte de les convertir en de jolis automates qui se meuvent dans la cadence universelle. Cette cadence prend la place de la véritable harmonie morale. Tous les caractères s'égalisent, tous les esprits se nivellent, tout s'efface, tout s'affadit; et peut-être est-ce à l'application d'une même convention à tous les âges et à toutes les situations de la vie qu'il faut attribuer cette

la vie politique, et que l'on sollicite des institutions qui l'étendent à tous les citoyens. Les hommes aiment le bonheur, mais ils craignent l'ennui; et voilà pourquoi les peuples heureux sont mécontens; et voilà pourquoi les gouvernemens qui ne voudraient point donner la liberté, auraient intérêt à s'opposer au bonheur des peuples.

(*Note de l'éditeur.*)

disproportion frappante entre les événemens dont nous sommes témoins et les hommes qui ont à les porter.

« Un article de notre éducation, qui me paraît mauvais et ridicule, dit M. Turgot, est notre sévérité à l'égard de ces pauvres enfans ;...... ils font une sottise, nous les reprenons comme si elle était bien importante. Il y en a une multitude dont ils se corrigeront par l'âge seul ; mais on n'examine point cela : on veut que son fils soit bien élevé, et on l'accable de petites règles de civilité, souvent frivoles, qui ne peuvent que le gêner parce qu'il n'en sait pas les raisons. Je crois qu'il suffirait de l'empêcher d'être incommode aux personnes qu'il voit ; le reste viendra petit à petit. Inspirez-lui le désir de plaire, il en saura bientôt plus que tous les maîtres ne pourront lui en apprendre. On veut encore qu'un enfant soit grave ; on met sa sagesse à ne point courir, on craint à chaque instant qu'il ne tombe. Qu'arrive-t-il ? on l'ennuie et on l'affaiblit. »

Si j'avais une fille à élever, je ne commencerais point par la déposséder de son individualité, et certaine qu'elle saurait toujours assez tôt faire ce que tout le monde fait, je n'userais ni sa patience, ni mon autorité à le lui enseigner. Mais la laissant vivre d'abord comme un enfant et non comme une *petite grande personne*, ne fût-ce que pour faire connaissance avec elle, je n'attenterais pas dès le début à sa liberté. Sûrement elle n'aurait aucun succès dans les salons, mais cela n'est pas très-fâcheux; à la vérité, il lui arriverait quelquefois d'y être importune, et l'importunité ne doit être tolérée à aucune époque de la vie. Nous pourrions en conclure, comme Rousseau, qu'il ne faut guère tenir un enfant dans un salon, mais ne poussons pas comme lui la conséquence jusqu'à le transporter dans la solitude, plaçons-le sous nos yeux au milieu d'enfans de son âge qui auraient droit et goût à la même liberté que lui. Cependant comme une mère ne peut pas arranger toute sa vie pour son enfant, ainsi que le conseillent les auteurs de quelques romans d'éducation, réservons l'autorité, c'est-à-dire les défenses, pour le moment où notre petite fille sera forcément en présence de personnes étrangères, n'exigeons point qu'elle fasse rien qui mérite leurs éloges, mais seulement qu'elle ne les gêne point. Il est facile de persuader à un enfant qu'il ne doit point gêner; il est facile de lui interdire l'importunité, non pas en lui disant que c'est une impolitesse, mais en lui faisant comprendre que c'est une injustice.

Je suis loin de dire qu'en éducation il faille exclure absolument l'autorité, mais c'est un moyen qu'il faut ménager, parce que son effet se borne au présent et qu'il satisfait celui qui l'emploie plutôt qu'il n'avance celui qui en est l'objet [1].

Madame de Genlis, dans un commentaire sur Émile, qui se réduit le plus souvent à des exclamations contre Rousseau, coupe court à la plupart de ses systèmes par une proposition qu'elle y fait reparaître sous toutes les formes. Elle pense qu'en fait d'éducation on répond à tout en disant : « Dieu le veut, Dieu le commande. » Rigoureusement zélée pour la notification impérative de la volonté de Dieu, elle semble oublier que Dieu lui-même n'a point

[1] « On nous a donné des avis dans l'enfance toujours sous la forme de reproche, de correction, avec le ton d'autorité, souvent de menace. De là, une jeune personne en sortant de la main de ses maîtres ou de ses parens, met tout son bonheur à n'avoir à rendre compte de sa conduite à personne : l'avis le plus amical lui paraît un acte d'empire, un joug, une continuation d'enfance. Eh! pourquoi ne pas accoutumer les enfans à écouter les avis avec douceur, en les donnant sans amertume? pourquoi employer l'autorité? » (Turgot, *Lettre à madame de Graffigny.*)

défendu aux hommes de chercher les motifs de ses desseins sur eux, et que le langage de l'Évangile semble n'avoir été varié dans ses formes familières ou abstraites, directes ou paraboliques, que pour exercer et remplir toute l'intelligence. Par exemple, elle lance son argument favori dans une occasion où l'Évangile lui-même donnerait, je crois, raison à Jean-Jacques. « Pour devenir sensible et pitoyable, » dit-il, il faut que l'enfant sache qu'il y a des » êtres semblables à lui, qui souffrent ce qu'il a » souffert, qui sentent les douleurs qu'il a senties, » et d'autres, dont il doit avoir l'idée comme » pouvant les sentir aussi. » — « Il faut sur- » tout, dit madame de Genlis, que l'enfant sache » que les commandemens de Dieu lui prescri- » vent tous les actes de bonté. » Je vois à chaque pas de Jésus-Christ sur la terre la pensée et le soin de donner, même au moyen de nos sens, la preuve de la justice de ses commandemens; les pères qui ont parlé après lui se sont fait une étude de rassembler tous les témoignages qui pouvaient concourir à la démontrer; *voyez et croyez*, est la parole de Dieu lui-même, et l'évidence ne lui paraît pas un indigne moyen de parvenir à l'affermissement de la foi.

Être bon, faire le bien, sans doute c'est obéir à Dieu; et sous quelque forme que nous présentions les devoirs, soit que nous les appuyions sur les rapports utiles qu'ils établissent parmi les hommes, soit que nous les réputions une conséquence de notre nature, toutes ces vues remontent également à la volonté de Dieu. Mais, je l'avoue, dans la disposition où m'a mise l'expérience de ce monde, je ne commencerais pas par mettre indistinctement Dieu lui-même en jeu; attentive déjà à ne pas compromettre ma propre autorité, je serais bien plus jalouse encore de la sienne. La désobéissance d'un enfant est naturelle, et souvent peu importante en elle-même. Donner de la gravité à ses fautes est une maladresse, quand on ne réussit point par-là à les rendre moins fréquentes; courir le risque d'intimer la volonté de Dieu sans exciter sur-le-champ le remords de l'avoir enfreinte, et le ferme propos de l'observer, c'est préparer l'insouciance sur ce qu'il y a de plus saint, et peut-être jeter les fondemens de l'incrédulité.

Il y a du bon dans tout, et sans doute un système d'éducation quelconque dont le but est moral peut tourner au profit de qui en est l'objet, s'il est suivi par un esprit distingué.

Le principe de madame de Genlis peut maintenir son élève dans la route de la vertu ; mais ce principe doit-il suffire à rendre cette vertu féconde et assurée? Peut-il tenir la créature dans une activité permise, je dirai même ordonnée? En revanche il me semble voir dans Émile une foule de préceptes très-propres à procurer un pareil résultat.

Seulement l'ensemble de l'éducation d'Émile a mérité ce reproche : « Si Émile existait réel» lement, on ne saurait où le placer pour son » bonheur et celui de ses voisins. L'Émile est » admirable pour faire un homme, mais un » bon traité d'éducation doit faire des nations. » Un des premiers torts de Rousseau est d'avoir apporté tant de retard à traiter avec son élève les grandes questions de son existence [1], qu'il

[1] Rousseau veut qu'on perde beaucoup de temps dans la première éducation. Il faut, dit-il, fortifier la machine avant de la mettre en œuvre. Il blâme ceux qui cherchent l'homme dans l'enfant; je ne sais trop pourquoi, puisqu'il y est; à quoi bon ne le reconnaître ni ne l'employer? c'est en exerçant la machine qu'on la fortifiera. Appliquer l'attention d'un enfant à l'examen de quelques idées morales, lui faire apercevoir qu'il a reçu la vie pour agir, pour vouloir et chercher le bien, l'amener à découvrir ce bien par la satisfaction ou le mécontentement de la conscience, le disposer à prendre avec soumission les nécessités de son existence; tout cela n'est pas plus difficile, et même, je

risque d'être encore dans le doute sur la plupart au moment où la jeunesse lui ouvre la carrière comme citoyen et bientôt comme époux et comme père. L'auteur essaie d'échapper à cet inconvénient par deux moyens opposés. Le premier pourrait bien, à la vérité, ne pas manquer son effet, mais je doute de l'innocence complète du second. A l'instant où Émile, qu'on a toujours tenu hors de la vie sociale, doit commencer d'y paraître, son instituteur, qui reconnaît ce qu'il doit aux hom-

crois, l'est beaucoup moins que de lui apprendre mille choses que nous essayons de mettre dans sa tête presqu'au sortir du berceau. J'aimerais mieux me charger d'intéresser une petite fille à l'examen de quelques-unes de ses facultés morales, que d'essayer, par exemple, de la tenir attentive sur les difficultés d'une multiplication. Personne cependant ne recule devant l'embarras d'enseigner le calcul aux enfans. Il est vrai que Rousseau rejette très-loin toutes les instructions précoces; mais ce serait une autre question de savoir s'il a pu rester en effet assez de temps à Émile, depuis quatorze jusqu'à dix-huit ans, pour découvrir et s'approprier, ainsi que le veut Rousseau, tout ce que jusqu'alors il avait ignoré. Rousseau, presque toujours ému en écrivant, ne prenait pas le temps d'accorder ses systèmes avec ses sentimens; il veut faire long-temps à Émile un secret de toutes les vérités de sa nature, et cependant, poussé lui-même par l'une de ces vérités, il dit: « Vivre, ce n'est pas respirer, mais agir; c'est faire » usage de nos organes, de nos sens, de nos facultés, de » toutes les parties de nous-mêmes qui nous donnent le mes comme leur semblable, se flatte de le rattacher à l'humanité par la puissance de la pitié qu'il réveille dans son âme. Cet endroit est un des plus beaux de l'ouvrage [1]. Il y a tant de chaleur et de pathétique dans la peinture des maux qui affligent l'espèce humaine; ainsi retracés, ils inspirent une telle compassion pour les êtres exposés à les souffrir, qu'on n'ose pas douter qu'un semblable tableau ne saisît une jeune âme du besoin de les soulager. Ainsi Émile, pour faire connaissance avec

» sentiment de notre existence. L'homme qui a le plus
» vécu n'est pas celui qui a compté le plus d'années, mais
» celui qui a le plus senti la vie. »

S'il en est ainsi, pourquoi ne pas commencer de bonne heure à faire *vivre* l'enfant? pourquoi balancer à lui faire apercevoir, du point où il est, toutes les phases et le but de la carrière qu'il doit parcourir? C'est la société qui, pour sa commodité, a prétendu réduire à l'inaction une certaine partie des êtres qui la composent; c'est encore elle qui décide qu'une portion de notre vie, trop dénuée de toute importance présente, se passera dans l'attente de cette autre portion où l'on nous permettra d'être et d'agir. Je conçois que les homme faits, ayant en ce monde trop peu de temps à perdre, refusent de se mettre en relation grave avec la vie morale d'un enfant; mais c'est une raison de plus pour faciliter ses rapports avec lui-même, et surtout pour le mettre en présence de Dieu, dont l'éternité ne dédaigne rien.

[1] *Émile*, liv. IV.

ses semblables, commence par chercher les plus malheureux : rien n'est plus moral que cette touchante initiation à la vie.

Le second moyen par lequel Rousseau veut, tranchons le mot, réparer sa faute, entraîne son élève dans un vrai sophisme de conduite. Tous les états de la société lui sont offerts ; Émile les repousse tous également, et par la seule raison que tels que cette société les a faits, tout homme de bien est impuissant à les remplir. Il ne faudrait pas cependant que l'élève de Rousseau raisonnât comme celui du docteur Pangloss, qui considère les unes après les autres les diverses professions des hommes, et les frappe d'une si amère satire, qu'il conclut à n'en exercer aucune. Si dès l'enfance on eût nourri Émile de cette idée qu'il y a une patrie et qu'on lui doit de la servir, qu'il y a des familles et qu'elles imposent des liens, mieux préparé aux imperfections humaines, mais affermi sur les devoirs particuliers, il aurait senti qu'il n'appartient à personne de se constituer spectateur inutile sur la terre, de vivre comme un voyageur, ou du moins il n'eût osé faire une vertu de cette inutilité. Le défaut de l'Émile est tout entier dans la partie romanesque. Rousseau prétend ramener l'homme à la nature par l'artifice, à la vérité par le paradoxe, et pour le rendre honnête il le rend incapable de tout; c'est sur ce point que je me sépare de lui et que j'ai dû m'expliquer; il faudrait une grande confiance en soi pour condamner Rousseau d'un trait de plume. Mais il ne s'est pas mépris dans son intention générale; il n'a pas eu tort de chercher hors des conventions de la société et dans la nature même, la raison et l'honnêteté; il n'a pas eu tort de croire que pour instruire son élève il devait l'émouvoir et l'éclairer. C'est là l'idée qui m'est commune avec lui, et en la dégageant des erreurs brillantes qu'il y a mêlées, j'ai cru répondre pour mon compte aux objections dirigées contre lui.

Revenons. Ce serait enfantillage d'amour-propre et prétention chimérique que vouloir écarter toutes les méthodes conseillées et suivies jusqu'à ce jour. Quoi qu'on dise et qu'on écrive, les parens les mêleront toujours : la mère qui respectera le plus la liberté de son enfant rencontrera beaucoup d'occasions forcées de lui donner des ordres; celle dont les penchans seront le plus despotiques ne pourra ni ne voudra toujours le contraindre et comprimer sa raison. Il serait peu sensé de tout prescrire ou de tout interdire, mais il faut rechercher dans quel cas et en quel sens chaque système est applicable, lequel est le plus souvent meilleur et doit dans la pratique dominer les autres, qui ne peuvent être alors employés que comme des auxiliaires.

Il est incontestable que la volonté du bien sur la terre est une émanation de la volonté du Créateur, qui ne peut que *vouloir bien;* mais ce qu'il veut peut être présenté à sa créature sous diverses formes. En suivant madame de Genlis, on concevrait un plan d'éducation où les devoirs seraient imposés en vertu des commandemens de Dieu, commentés et interprétés par les commandemens des parens. Ce système répondrait à celui du gouvernement absolu dans les mains d'un seul homme présumé toujours plus éclairé, plus juste et bien intentionné. Les cas prévus auraient leur solution toute prête, et les nouveaux seraient résolus par une décision équitable, mais arbitraire. L'enfant soumis à une loi positive prendrait le pli d'une obéissance probablement bien employée. Doux et timide, il ferait peu de fautes; la loi écrite ou dictée lui tiendrait lieu de conscience, et dans des mains habiles, sous une surveillance minutieuse, il parviendrait à l'âge de l'action avec des habitudes, je ne dirai pas morales, mais régulières. Considérez maintenant dans quelle inertie une telle direction, suivie exclusivement, aurait tenu la plupart des facultés de l'âme. Représentez-vous cette conscience, qui ne serait que de la docilité; cette raison, qui ne serait que de la mémoire; et le danger des fausses interprétations de la loi divine, et, lorsqu'il faudrait agir par soi-même, l'impossibilité de délibérer avec lumière, et de se décider autrement que par l'analogie, la plus trompeuse des inductions dans les questions morales. Ajoutez que tout le plan d'éducation serait renversé, si la directrice venait une seule fois à commander à faux : car ce serait comme ces erreurs d'un juge qui font jurisprudence. « Notre âme, dit Montaigne, ne branle qu'à » crédit, liée et contrainte à l'appetit des fan» taisies d'autruy, servie et captivée sous l'au» torité de leurs leçons. »

Dans l'éducation il s'agit moins de faire faire le bien que d'apprendre à le vouloir et à le faire. En commandant toujours, nous vaquons seulement au présent. Sans doute une mère a titre pour commander, et l'obéissance aux parens est un devoir qu'il ne faut pas laisser sans exercice; mais il n'est pas le seul, il faut songer au temps où l'enfant sera séparé de ses parens, indépendant du moins, supérieur peut-être. Que fera-t-il de croyances et de maximes qu'il ne se sera pas appropriées, et dont la vérité ne lui sera garantie que par le témoignage de ceux qu'il respecte toujours, mais enfin qu'il juge ? Pour sa sûreté comme pour sa dignité il vaut donc mieux, dès les premières années, lui inspirer le devoir que le lui dicter.

Cela est si vrai, que la plus impérieuse des mères, la plus implicite dans ses commandemens, raisonne encore bien souvent avec sa fille, et qu'une éducation toute d'autorité est impossible. Aussi ce qu'on attaque ici, est-ce l'éducation où l'autorité prévaut, dont elle est le grand ressort, la dernière raison, tandis qu'elle ne doit être qu'un moyen accessoire que les circonstances forcent d'employer provisoirement.

Ce système a pour les filles un inconvénient particulier; il tient leur jeunesse tellement oisive que nécessairement leur préoccupation se fixe sur l'avenir, qui seul leur promet une existence libre et vive, tandis qu'on ne poursuit chacune de leurs fautes que dans ses effets présens. Cependant il n'est pas fort important que dans le jeune âge on fasse mal ou bien, qu'une petite fille soit toujours ce qu'on appelle bien sage; mais elle mérite d'apprendre de bonne heure qu'il y a un mal et un bien, et qu'elle doit éviter l'un et pratiquer l'autre. Loin de commencer par dire qu'il ne faut point faire mal parce que Dieu le défend, il ne faudrait prouver qu'en seconde ligne que c'est parce que le mal est mal que Dieu l'interdit. L'obéissance passive détourne l'attention de la chose commandée pour la porter sur le commandement. Ainsi la conscience devient oisive et la vie monotone : de là cet ennui de l'âme, le pire de tous les ennuis. On recommande d'exercer les forces du corps chez l'enfant; celles de la raison méritent bien qu'on s'en occupe, la réflexion est le plus utile de tous ses mouvemens.

On ne peut trop s'étonner de cette étrange manie d'affaiblir des caractères déjà si affaiblis. Qui donc nous a donné le droit de dépouiller l'espèce humaine de l'énergie et de l'activité qui lui sont propres? Serait-ce par un calcul de sécurité? Serait-ce qu'on espère, en enchaînant la raison de l'homme, en atténuant chez lui la force de résolution, en essayant de lui enlever la liberté du choix, le préserver des égaremens d'une pensée téméraire et des désordres sociaux qui en paraissent la suite? Le calcul serait bien faux. Dans l'éducation non plus que dans le gouvernement le dernier siècle n'a point négligé l'autorité absolue, et la licence de penser n'a point connu de bornes, d'autant plus dangereuse qu'elle marchait de front avec l'amollissement des caractères. Une expérience récente nous a prouvé qu'à les énerver la société n'en est ni plus assurée ni plus tranquille, et qu'en rapetissant les hommes on ne rapetisse pas les événemens. Jamais nation plus frivole n'a eu à lutter contre de plus terribles vicissitudes, et, pour me rapprocher de mon sujet, jamais les femmes moins préparées n'ont eu à subir une révolution plus complète et plus dure dans leur situation; qu'a-t-on gagné à leur donner une éducation toute de montre, toute d'étiquette, sans sérieux et sans morale?

Si dès la première enfance une mère économe de son autorité ne l'imposait que dans les cas indispensables, et déliait ainsi *les entraves de l'âme* dont parle Montaigne, l'éducation serait plus intime, plus solide, et d'un effet plus durable. Je sais bien que pour obtenir les choses que l'on ne veut point commander, il faut plus de paroles et de temps. Les paroles, on est toujours le maître de dire toutes celles qui sont nécessaires; le temps, on en épargnera beaucoup en ne prétendant obtenir que les choses indispensables. Je ne dis pas qu'on doive laisser brûler un enfant pour qu'il ait un salutaire effroi du feu, le rendre malade pour l'empêcher d'être gourmand, tolérer ses cris dans une chambre où se trouvent réunies des personnes dont il trouble la conversation; mais qu'une mère ne doit point user son *je le veux* sur une infinité de riens qui ne sont que des inconvenances, et que les coutumes seules condamnent. Changez ces coutumes, peut-être les choses défendues deviendront permises. Il est juste de pourvoir d'abord à ce qui, dès la première fois, peut être réglé définitivement.

Si l'habitude ne rendait pas tout possible, il semblerait étrange qu'il fût si généralement établi qu'on doit commencer à mettre l'ordre là où il n'y a pas encore de mouvement. Vous dites à votre enfant ce qu'il ne faut pas qu'il fasse, avant qu'il ait songé à faire quelque chose. Que craignez-vous? N'êtes-vous pas au fond maître du présent? Où donc est le péril? — Mais il n'est jamais trop tôt pour donner des habitudes douces et rangées. — A la bonne heure.

Cependant regardez bien, qui sait si votre enfant n'apporte point une humeur précisément trop soumise ou trop ordonnée? car l'excès de la douceur peut rendre faible; le besoin extrême de l'ordre produit l'impuissance de résister à l'inattendu. Partout nous rencontrons la crainte de l'énergie, et cependant nous périssons de mollesse et d'indifférence.

Dans un ouvrage distingué, entrepris il y a quelques années, et qui malheureusement n'a point été terminé [1], je trouve cette réflexion, qu'on pourrait m'opposer comme objection: « Les défauts des enfans sont purement négatifs. » Les penchans de l'enfance n'ont point de force; » mais la raison est faible: elle offre mille facilités pour détourner les mauvaises habitudes, » mais nul point d'appui pour les combattre. »

La différence entre les enfans et les hommes n'est pas telle que les défauts des uns aient quelque chose de beaucoup plus positif que ceux des autres. L'homme fait se décide trop souvent à vivre avec son défaut, comme on s'accommode avec un ennemi qu'on ne peut éloigner. Ce défaut même, la plupart du temps, est négatif en lui, c'est-à-dire qu'il n'y a pas assez de

[1] *Annales de l'Éducation*, par madame Guizot.

puissance ou de volonté, enfin de raison dans sa raison, pour réprimer telle ou telle de ses passions. A tout âge les penchans mauvais n'ont réellement de force que parce que la raison est faible. Si un homme du peuple se livre plus à la colère, ce n'est point que de toute éternité il soit réglé que la portion de l'espèce humaine dévouée à vivre du travail de ses bras éprouvera des passions indomptables, mais c'est que sa raison, sans force et sans portée, n'a point corrigé ses penchans. La plupart de nos passions peuvent être considérées comme des erreurs auxquelles portait le naturel, et qu'une raison inerte ou faussée a laissées croître.

Je conçois bien que détourner les mauvaises habitudes, c'est en imposer, en conseiller, en faire contracter de meilleures, qui remplissent la place que les premières occupaient. Sans doute il serait aisé d'offrir à une petite fille un train de vie à la fois réglé et amusant qu'elle finirait par goûter; à celle, par exemple, qui montrerait de l'inclination pour le désordre, on ferait des présens qui lui plairaient, à condition qu'elle en aurait soin, et l'on s'appliquerait à lui rendre nécessaire pour tel jour le chiffon qu'elle aurait laissé gâter......, etc. : de cette manière, on la détournerait de ses fautes plutôt qu'on ne l'en corrigerait, et l'on réussirait peut-être à en faire une femme d'une bonne conduite et estimée du public. Mais ne courrait-on pas le risque d'avoir exercé sa vie trop machinalement, et ne pourrait-il pas lui arriver, si les événemens la servaient mal, peut-être même quand ils la serviraient bien, d'être inhabile à les juger, pour en tirer parti, et de tomber dans cette passiveté de l'âme à laquelle j'attribue l'ennui que nous traînons après nous, et la tentation d'y échapper à nos périls?

Il ne suffit donc pas, pour l'avenir au moins, de détourner les mauvaises habitudes en les remplaçant par les bonnes, car il s'agit de donner à l'enfant une moralité active, pour le guider dans les difficultés et les nouveautés de la vie, pour l'occuper tout entier et satisfaire à toutes ses facultés. Pour cela il faut combattre directement ses erreurs, ses faiblesses et ses passions, et le *point d'appui* ne manque pas; c'est la conscience. Elle n'est point une prérogative de l'âge fait; car elle est assurément aussi nulle ou du moins aussi informe chez l'homme mal ou point élevé que chez un enfant. Je croirais même qu'elle l'est davantage, car chez l'un son impuissance, à vrai dire, tient du sommeil ; chez l'autre elle a tous les caractères du suicide.

C'est à la raison de l'homme qu'on s'adresse lorsqu'on veut obtenir de lui quelque chose. On peut également s'adresser avec confiance à celle de l'enfant, si l'on proportionne ce qu'on exige de lui à ce qu'il peut donner. Montaigne a dit : « Ma science est d'apprendre à vivre ; un » enfant en est capable au partir de la nour- » rice beaucoup mieux que d'apprendre à lire » ou à écrire. » Voici ce qu'on trouve dans un autre passage des *Annales de l'éducation* : « Rousseau pense que, dépourvu de toute mo- » ralité dans ses actions, l'enfant ne peut rien » faire qui soit moralement mal. Il est sûr du » moins qu'il n'a pas notre moralité, mais n'a- » t-il pas la sienne? S'il lui manque la con- » naissance réfléchie du bien et du mal, n'en » a-t-il pas le sentiment? Il serait difficile d'as- » signer l'époque de la vie à laquelle remonte » l'origine de ce sentiment ; l'enfant encore » sur les bras est arrêté par un air fâché, en- » hardi par un sourire ; et l'idée qu'il en con- » çoit est si distincte de l'effet machinal qu'il en » peut recevoir, qu'on le voit quelquefois cher- » cher d'un air inquiet sur le visage de sa » mère si le ton grave qu'elle a pris est un

» jeu ou l'effet du mécontentement. Un enfant » sait déjà très-bien que ce qu'on lui défend » est mal. Il y a déjà pour lui dans la punition » une amertume qui ajoute beaucoup à celle » de la privation. De quelque part que vienne » à l'enfant cette idée de l'existence du bien et » du mal, cette crainte de l'un et ce désir de » l'autre, il a déjà une connaissance, un sen- » timent capables de régler plusieurs de ses » actions, une moralité faite pour les conduire. » Mais cette moralité n'est pas encore assez » forte pour n'avoir pas besoin qu'on la sou- » tienne sans cesse par les moyens qu'on a em- » ployés pour la former. »

Voilà donc le *point d'appui* trouvé pour combattre les mauvaises habitudes ; il est bien certain qu'il ne rendra pas sur-le-champ le service qu'on en attend, mais il faut toujours l'employer, et n'user de l'autorité qu'avec l'idée qu'on l'abdiquera dès qu'elle pourra être remplacée. Je ne sais pas de loi qui donne à une créature humaine, même quand cette créature est une mère, le droit de fixer l'époque, la journée, l'instant où elle permettra à une autre créature humaine, fût-ce sa fille, de commencer à recourir aux lumières de la conscience. Il faut l'épier, et lui répondre dès qu'elle parle. La religion fixe à sept ans la première confession des enfans; elle a donc admis qu'à cet âge la faculté du repentir, par conséquent la connaissance réfléchie du bien et du mal était acquise : c'était supposer que long-temps à l'avance les parens auraient réveillé cette connaissance, autrement une première confession serait inutile ou mal faite; toute institution chrétienne, considérée même sous des rapports humains, exige le concours de la raison.

Il est assez indifférent de décider si c'est long-temps avant cet âge de sept ans qu'on essaiera d'employer avec un enfant les mots *bien* ou *mal* autrement que dans l'acception de chose punie ou récompensée. Rien ne peut, rien ne doit être réglé à cet égard. Toute mère comprend par exemple la nécessité de donner de très-bonne heure à sa fille le sentiment de la pudeur, et n'en rejette jamais bien loin les premières leçons. Comme il serait impossible de lui en faire concevoir l'importance et le charme, je sais qu'on ne peut d'abord que lui en donner l'habitude. Mais on conviendra qu'elle la prend bien aisément, son instinct seconde merveilleusement les précautions maternelles. Il y a en ce genre des répugnances qui semblent innées en elle. Eh bien ! ce même instinct se retrouverait dans d'autres occasions, si, dégageant la première éducation de ces soins infinis destinés à prévenir, à défendre ou à punir un mal relatif et arbitraire, on se tenait d'abord dans une extrême indulgence habituelle pour ne montrer de sévérité que dans un petit nombre d'occasions, peut-être même dans une seule vraiment importante. Et en effet, qu'une seule fois un enfant ait éprouvé au dedans de lui une impression de sa faute indépendante de celle que lui cause la punition, toutes les difficultés sont aplanies; la mère peut se dire qu'elle et sa fille sont dans la route : la difficulté ne consiste donc qu'à faire éprouver cette impression une première fois.

CHAPITRE XIV.

Des moyens de développer la conscience.

Nous naissons avec le sentiment du bien et du mal, c'est l'instinct moral : ne pourrait-on pas dire que le devoir de l'éducation est de transformer ce sentiment ou cet instinct en une connaissance raisonnée?

Pour donner la connaissance du mal aux enfans, elle commence ordinairement par interdire quantité de choses; il vaudrait mieux donner d'abord la connaissance du bien, dont successivement on montrerait que le mal est le contraire; ainsi supprimant les leçons oiseuses, on mettrait en liberté le jeune enfant, on n'emploierait l'autorité que lorsqu'elle est indispensable. Un peu plus tard, mais très-promptement, on s'efforcerait, par tous les moyens, d'exciter le contentement de soi-même à la suite d'une bonne action. Si nous nous trompons souvent dans l'éducation de nos enfans, c'est parce que nous ne voulons employer que les bonnes qualités de leur nature et que nous annulons les autres. On pourrait, au contraire, se servir de celles-ci et les faire concourir au bien; en attendant qu'on pût démontrer à une fille que le complément de la vertu est d'être désintéressée, on pourrait employer son amour-propre à la tenir dans l'habitude du bien. S'il est insensé de vouloir imposer des sensations, il n'est pas très-difficile de les faire naître, et l'on peut facilement amener un enfant à être content quand il a bien fait; une louange peut être donnée, une récompense accordée de telle manière qu'elle excite la satisfaction de soi-même; et on peut très-impunément multiplier les unes et les autres, de manière encore que cette satisfaction devienne un état habituel, une situation qui sera bientôt un besoin. Rousseau dit qu'il faut rendre les enfans heureux : j'ajouterai qu'il faut les rendre contens; car le contentement est le sentiment du bonheur. Si l'on veut bien comprendre qu'un enfant peut commettre beaucoup de fautes sans faire mal, il faut avoir le courage de ne point prétendre pour lui aux complimens de la société. Elle ne le loue d'ordinaire qu'autant que l'on a pris soin de lui donner l'extérieur et comme les gestes des qualités qu'il n'a point encore, mais dont les apparences le mettent à l'unisson avec elle. Ce soin prématuré lui semble une nouvelle preuve de soumission à ses ordres; elle applaudit sa nouvelle conquête; mais à quel prix s'achète pour l'enfant cette réputation d'enfant bien élevé! que n'y perd-il pas en bonheur, en naturel, en abandon, en indépendance! Si on laisse l'enfant enfant, c'est-à-dire ignorant des usages et des règles du savoir-vivre, il se présente très-peu d'occasions de le gronder, hors les cas où il pourrait nuire à sa conservation ou gêner par le petit despotisme qu'il ne faut pas lui laisser la possibilité d'établir. Et encore comme il n'est pas mal de faire ce qu'on ne sait pas être mal, on peut assurément empêcher un enfant de se nuire à lui-même ou d'importuner, sans le réprimander sévèrement. Ainsi au risque d'avoir dans le monde le renom d'une mère qui gâte son enfant, je crois qu'on ferait bien de s'appliquer à lui fournir les occasions de bien faire, sans laisser échapper celle de l'en louer après. La récompense accordée à l'enfant est le matériel de la louange, la preuve de l'approbation; mais il est nécessaire d'y ajouter ce qui ouvre l'esprit à la réflexion, et le plus tôt qu'on pourra, exercer les bonnes intentions en y donnant de l'importance. Ainsi qu'un enfant en lisant ses lettres ou en faisant des *o*, ait mal lu ou griffonné, si cependant il a montré quelque désir de bien faire, quelque peu d'application, traitez-le comme si son attention eût produit un bon résultat, dites-lui : « Vous ne vous tromperez plus, ou vous ne » saurez écrire que lorsque vous aurez beau- » coup lu et beaucoup écrit, mais vous avez » été appliqué, cela est bien ; je suis contente » de vous, vous devez l'être. » Puis ayez soin de le tenir dans un état prolongé de satisfaction, en rapportant les petites complaisances que vous aurez pour lui au *bien-être* dans lequel sa bonne volonté vous a mise aussi. Ce procédé a cela de commode, que s'il lui arrive ensuite de faire quelque faute, d'avoir un mouvement d'humeur ou de colère, vous pourrez lui dire avec douceur, ou même avec gaieté, qu'il doit prendre garde de déranger quelque chose à cet état de *bien-être* dans lequel vous êtes tous deux, et que vous aurez eu soin de rendre sensible par des amusemens. Je suis très-persuadée qu'on finirait ainsi par familiariser un enfant avec l'idée que la bonne conduite donne une joie intérieure, et tout est là. Qu'importe, quand sa conscience naissante se contenterait à bon marché? il ne serait pas temps encore de la rendre difficile, c'est l'affaire de la raison développée; il suffit d'avoir évité que la crainte du châtiment ait seul excité le désir de bien faire.

Je me souviens très-bien que dans mon enfance il m'arrivait quelquefois de m'appliquer de toute l'attention dont j'étais capable, pour remplir une page de ces grandes lettres, qu'on appelait, je crois, de la bâtarde, sorte d'ouvrage très-difficile à bien faire à tout âge, et particulièrement pour les enfans, dont la main est en même temps faible et raide. On a raison de les y contraindre, parce qu'il accoutume leurs doigts à la souplesse; mais on a tort de les gronder quand ils n'ont pas réussi. Malheureusement on me jugeait sur le résultat, et quand j'apportais mes lettres mal faites, tout attristée du peu de succès de mon attention, j'étais grondée, quoiqu'au fond j'eusse méritée d'être encouragée. Toute mère qui n'est pas présente à la leçon du maître, avec la plus indulgente volonté du monde, pourra risquer de se tromper ainsi; du moins elle fera bien de demander à ce maître, après la leçon, non pas si son enfant a bien fait, mais s'il a été appliqué; de cette manière l'enfant prendra au même instant deux leçons, dont la dernière ne sera pas la moins utile.

Il y aurait grand avantage à faire tourner ainsi la première attention du jeune âge sur cet état de jouissance intérieure, senti par la mère ainsi que par la fille, commun à deux êtres entre lesquels la nature a établi tant de liens, et qui contribuerait encore à les resserrer de la manière la plus touchante. Une fois que la petite fille aurait compris l'effet de sa propre disposition sur celle de sa mère, leurs regards, leur sourire mutuel toujours en intelligence leur retraceraient à diverses occasions ce que toutes deux auraient éprouvé en même temps; les douces faiblesses de la maternité pourraient se satisfaire sans inconvénient, car les complaisances apparaîtraient comme un remercîment indirect du contentement produit.

Une telle intimité, fondée sur la joie de la vertu et la sympathie qu'elle inspire, prépare pour l'avenir la connaissance du mal et celle du chagrin qu'il cause. Elle jette les fondemens de la grande et belle leçon qui doit un jour découvrir toute la chaîne des devoirs entre les créatures; car cette même intimité excite aussi la souffrance, quelquefois même le remords chez une mère, à la première faute grave de son enfant.

Une petite fille mise seulement en contact avec sa mère, avec une bonne bien avertie et des enfans de son âge sous les yeux de l'une ou de l'autre, contractera l'habitude de l'observation d'elle-même ; il existe dans les relations avec les enfans une commodité qu'on ne rencontre plus chez les personnes faites, c'est qu'ils trouvent un grand plaisir dans la répétition. Comme la faiblesse de leur intelligence et la mobilité de leur nature les empêchent de comprendre sur-le-champ et de rien épuiser, on n'a rien à craindre en leur redisant souvent une même chose. Si l'on n'excitait pas en eux et presque malgré eux le goût de la nouveauté, si piquant pour les êtres blasés, on les verrait chercher toujours les mêmes amusemens, redemander l'histoire déjà contée, la chanson déjà connue. Il est facile et agréable de lire sur leur visage le progrès de leur intelligence, mieux frappée à mesure que vous leur répétez le même discours. Aussi, serait-il également déraisonnable de vouloir être compris par eux du premier coup, ou de ne leur dire que ce qu'ils comprendraient sur-le-champ. Commencez à semer, quoique dans un espoir très-éloigné; ne vous troublez point de cette petite mine froide ou distraite qui annonce que vous êtes encore inintelligible; reprenez dans un autre moment, le lendemain, et tous les lendemains sans relâche; n'essayez point de mener trop de vérités de front; mais saisissez-en une, que tous vos soins, par exemple, tendent à faire entrer celle dont je viens de parler; que tous vos efforts se rendent au même but, comme les rayons se portent au même centre; et quand il vous aurait fallu une année entière pour faire un seul pas, que votre conscience à son tour soit satisfaite, car vous n'avez point perdu votre temps. Après avoir obtenu d'une petite fille, qu'elle ait attaché une idée, toute légère qu'elle soit, à cette phrase, « Je suis contente de moi! » qu'une mère traduira presque aussitôt par celle-ci, « Nous sommes contentes de toi, » l'on pourra entreprendre l'étude des devoirs, et c'est ici que je recommanderai bien d'amener l'enfant à conclure que chacun est dans ce monde pour faire quelque chose qu'on nomme devoir, précisement par la conduite qu'il verra tenir à sa mère. On a dit avec raison que les enfans ne concevaient guère d'idées générales par rapport à eux-mêmes, tandis qu'ils les acceptent par rapport aux autres. La première opinion fausse que les circonstances, et parfois notre faute, font naître en eux, c'est qu'une mère est une personne faite pour être obéie de tout le monde, affranchie de toute obligation d'agir autrement que par sa volonté, grondant ou pouvant gronder dès qu'on lui résiste, enfin, qui n'est dans ce monde que pour y faire ce qui lui plaît, et même pour se permettre tout ce qu'elle défend à son enfant.

Par exemple, il n'est guère de petite fille qui n'ait été grondée pour avoir dérobé et mangé la chose que sa mère mange en sa présence; qui, réprimandée si elle a cassé quelque meuble, déchiré quelque harde, ne voie sa mère casser une tasse impunément, renverser son encrier sur sa robe, s'impatienter contre un domestique trop lent, avoir peine à quitter son lit, etc. Qu'en conclut-elle? qu'il est agréable d'être grande, c'est-à-dire, affranchie de toute obligation, qu'elle sera bien heureuse quand à son tour elle sera grande aussi; et ce premier souhait est le fondement d'une opinion très-fausse sur la liberté.

Il faudrait au contraire, s'il était possible, faire concevoir à un enfant que l'indépendance des actions est d'autant plus restreinte que nous avançons en âge et que nous prenons plus d'importance dans la vie, que la liberté dont il jouit, pure concession de sa mère, sera quelque jour limitée encore par sa propre conscience, et que les devoirs se multiplient pour une raison qui grandit. Je ne pense point que la petite fille doive être sur-le-champ mise aux prises avec de telles vérités, qui feront un jour la règle de sa vie, mais il est important de la faire entrer dans la route qui y conduit. Ainsi, il est nécessaire d'abord qu'elle apprenne, c'est-à-dire qu'elle voie qu'il y a des devoirs; et elle le verra sans répugnance, si, comme je l'ai dit, on lui en impose très-peu, et que sa mère paraisse en avoir beaucoup. Comme en effet ils sont très-nombreux et très-visibles pour une mère de famille, il est facile de les faire remarquer, de montrer alternativement le plaisir ou la peine qu'ils rapportent à qui veut les remplir, les victoires qu'on gagne sur la paresse pour ne les pas négliger, l'état d'activité où ils nous mettent, et le bon ordre qui résulte de leur accomplissement; tout cela étant de pure pratique, peut être saisi à demi-mot et exécuté journellement avec succès; tout cela peut entrer dans la tête d'un très-jeune enfant, d'une petite fille surtout, si naturellement curieuse de ce qui se passe autour d'elle; mais tout cela, je le sens, impose une extrême régularité de conduite, une grande observation des discours et des actions. Après tout, si les femmes avec raison se plaignent que l'importance qu'elles ont dans la société ne les satisfait point, parce qu'elle a plutôt le caractère d'une concession que celui d'une sincère estime, si les femmes prétendent justement à un autre genre de considération, force sera bien qu'elles comprennent par quelle gravité de vie elles peuvent l'acquérir; prétendre et ne point mériter a été trop long-temps le faible de leur amour-propre, et, comme je l'ai dit, la cause de leur fréquent ennui.

L'habitude de voir une mère régulière dans sa manière de vivre, faisant les mêmes choses de la même manière, et ces choses produisant autour d'elle de l'ordre et du bonheur, avancera la réflexion d'une petite fille. Je suis convaincue que d'elle-même elle finirait par conclure qu'il existe un motif pour ce retour des mêmes actions à l'égard du mari, des enfans, des domestiques; on peut facilement aider et hâter cette conclusion, et faire naître ainsi l'idée du devoir, avant que le mot en soit prononcé, de manière que le jour où enfin il le sera, il représente une notion déjà familière. Il est vraisemblable que la petite fille, avant d'arriver à l'idée générale du devoir, imaginerait d'abord que l'ensemble des devoirs se réduit à n'être que la somme des choses que les femmes ont à faire dans l'intérieur de leur maison; elle ne serait pas très-loin de la vérité; et sûrement le philosophe [1] qui a dit que les femmes appartiennent à la famille et non à la société, trouverait que notre petite élève serait presque aussi avancée qu'elle doit l'être pour tout le reste de la vie. Au fait, je crois bien que la femme n'appartient point directement à la société politique, mais il ne faut point oublier cependant que par suite des mœurs françaises et même des mœurs chrétiennes, cette société a trop d'influence sur son sort pour n'avoir point de grands devoirs envers elle, et que la femme à son tour a trop d'empire sur ceux qui l'entourent, pour demeurer ignorante de ce qu'elle doit à cette société même. De part et d'autre, puisqu'il y a puissance, il y a règle.

Notre petite fille préparée ainsi que je

[1] M. de Bonald.

l'ai dit, ignorera encore quelque temps combien ses devoirs acquerront d'importance, quand il lui faudra les rapporter à sa propre nature, et par conséquent à Dieu qui l'a faite; mais il est certain qu'elle sera déjà sur la route de la vérité. La situation particulière d'une mère peut contribuer à étendre les applications du devoir, ce qui mènera plus vite a l'idée générale. La richesse, par exemple, oblige à la charité, et cette première leçon est facile et douce à donner; on peut la lier sur-le-champ à la leçon de l'ordre; bien entendu que j'appelle leçon, non l'obligation exigée d'imiter, mais l'idée de le faire inspirée par l'exemple, que seconde la parole. Si l'enfant voyait sa mère faire l'aumône sans s'imposer quelque privation, il en conclurait qu'elle a assez d'argent pour satisfaire à ses goûts et à ses devoirs, et cette opinion, d'abord rarement fondée, l'accoutumerait à exercer des vertus dans un but opposé aux principes que la religion prescrit; or, quoique la religion ne soit point encore connue, il faut cependant diriger déjà la vie dans le sens qu'elle indique. Mais si l'on se prive de quelque chose pour secourir l'indigence, on donnera une idée vraie et selon la religion chrétienne, qui ne connaît point de charité sans sacrifice. Enfin l'œuvre prendra son vrai caractère et sa gravité indispensable; car le secret de la vraie vertu, c'est de ne faire aucune action légèrement.

Je n'ai pas le projet d'entrer dans tous les détails, il suffit de montrer les principes. On comprend aisément que de la connaissance des devoirs d'autrui dérive pour chacun celle des siens, et comme l'amour-propre me paraît, dans notre nature imparfaite, un moyen de perfectionnement, on peut s'en servir en excitant encore le plaisir que les enfans ont généralement à être traités comme des êtres raisonnables. L'amour-propre éveillé par une réflexion toute individuelle, doit être employé avec précaution et habileté; mais quand il est remué pour ainsi dire dans un sens collectif, lorsqu'on fait voir à une petite fille que les petites filles commencent à l'être moins dès qu'elles ont aussi leurs devoirs, alors il est fondé, et il est sans inconvénient puisqu'il ne s'enorgeillit que du passage de ce qu'on était à ce qu'on devient; mais il faut bien regarder à n'indiquer que des devoirs très-faciles, les faire porter toujours sur l'intention de bien faire et non sur le bien faire, les prendre dans la relation de fille à mère, puisque ceux de mère à fille seront sûrement les plus vite aperçus et les mieux compris, et se garder autant que possible de les attacher trop tôt à l'idée de la réforme de quelque vice ou de quelque mauvais penchant : n'ai-je pas assez dit qu'il ne fallait pas tout entreprendre à la fois? Un enfant fait mal, il fait même une mauvaise action, sans s'attribuer aucunement le penchant vicieux qui correspond à sa faute. Madame Guizot, dans les *Annales d'Éducation*, a conseillé avec beaucoup de raison de se garder d'accoutumer l'enfant à croire qu'il retombe dans le même péché parce que sa nature l'y conduit. Elle ne voudrait pas qu'on apprît à celui qui mange avec avidité tout ce qui se trouve sous sa main, qu'il y a un vice qui s'appelle la gourmandise, et qu'il est *un gourmand*. Elle a toute raison, et d'autant plus que l'action de l'enfant est bien rarement la conséquence d'un vice. Qu'il mente, qu'il se mette en colère, ce n'est point qu'il soit menteur ni colère, il fait l'un et l'autre par impuissance ou par l'effet d'une fausse éducation. Or, si l'enfant accepte l'accusation que comporte le titre de menteur, il est déjà corrompu, ou bien heureusement il n'en comprend pas l'importance, et vous avez pris une peine inutile, ou vous vous êtes à plaisir préparé une douleur mal fondée. Cet enfant ment et n'est point faux, il frappe et n'est point méchant, il pleure pour avoir le jouet ou la parure d'un autre enfant, et cependant il n'est point envieux. Mais sa raison est faible, il est pressé et dépendant, il va au plus court; homme fait, cette manière d'agir pourra bien encore se retrouver dans sa conduite, d'autant plus que vous aurez moins exercé sa réflexion, et fait peser sur lui davantage le joug de l'autorité. On a fait la liberté la source du désordre; sans doute elle peut, comme tout le reste, se corrompre ou s'égarer, mais qu'on me dise si sans elle il y a un moyen d'exercer la moindre vertu. Cependant, dira-t-on, vous ne voulez point laisser prendre à l'enfance l'habitude de ces fautes qui doivent être réprimées, sinon comme des vices, au moins comme des occasions d'en faire naître. Sans doute il faut prévenir l'occasion du mensonge, en surveiller la récidive; mais c'est le lieu d'employer cette éducation des circonstances conseillée par Rousseau, qui, seule, est impraticable, mais qui, réunie aux autres méthodes, offre des avantages. Par exemple, les inconvéniens du mensonge seraient démontrés par l'état de défiance dans lequel se tiendrait tout le monde autour d'un enfant après qu'il aurait menti ; un acte de violence produirait dans la personne atteinte un long souvenir, une vive rancune, qui priverait le coupable des soins ou des plaisirs qu'il aurait pu attendre d'elle. L'esprit se trouverait ainsi frappé des inconvéniens du vice, même avant d'avoir soupçonné qu'il existât. La morale est tellement utile à l'homme, qu'il est facile de démontrer les difficultés qu'on se prépare en la violant. Cette vérité mise en action devient, par la pratique, sensible au plus jeune âge. Je sais bien qu'un enfant qui se corrigerait ainsi, par suite des embarras où le jetteraient ses fautes, n'aurait aucune idée de leur véritable importance. Par exemple, il croirait certainement et avec fondement avoir beaucoup mieux agi en se contraignant à une application quelconque qu'en évitant de mentir, puisque, dans ce dernier cas, il ne l'aurait fait que pour l'intérêt de son repos ou de son plaisir. Mais il n'est pas bien nécessaire que des enfans appliquent à leurs méfaits l'évaluation déterminée pour ceux des créatures toutes développées. Leur erreur tient à leur innocence. S'ils comprenaient les dangers de certains penchans, le tort de certaines actions, il faudrait donc souhaiter que le sentiment du remords s'éveillât en eux aussitôt, et cela n'est pas possible. Il y a bien autrement de maturité dans la douleur que dans la joie. On peut espérer d'exciter chez un enfant le plaisir de la conscience, mais sa souffrance appartient à une raison plus avancée. Enfin, si le meilleur moyen d'arriver à la connaissance du mal est de faire passer par la connaissance du bien, il faut se résoudre à exciter des joies qui ne porteront que sur de faibles motifs, et accepter pour un temps l'ignorance de ce qui plus tard méritera seul d'être pesé.

Mais pour ne pas marcher plus vite que ce petit esprit dont je suivrais les progrès, il faudrait de mon côté consentir à mesurer mes louanges pour chaque action sur la valeur présumée par l'enfant, et par exemple me garder de priser trop haut la confession de la vérité, du moins tant que les circonstances que j'ai dites en feraient quelque chose d'intéressé; c'est quand la honte d'un aveu embarrassant est devenu plus forte que la crainte des suites du délit, et que cependant cet aveu se fait, c'est alors que l'action devient réellement vertueuse, que la louange peut essayer d'affermir la satisfaction intérieure, et que nous pouvons songer à faire porter le devoir sur l'obligation de dire la vérité. C'est encore ici le lieu de rappeler ce principe fécond que l'éducation doit se régler sur l'ordre de la nature. Dieu a disposé les hommes encore enfans aux lois épurées et spirituelles de la morale chrétienne, par des lois de chair plus faciles à comprendre et à pratiquer. De même les parens devront, par des leçons graduées, préparer l'enfant à l'instant de la révélation.

CHAPITRE XV.

De la religion [1].

« Y A-T-IL un accord secret entre ceux qui veulent entendre parler de religion le moins possible, et ceux qui à force de scrupules rendent ce sujet tellement délicat à traiter que par cela même ils l'excluent? » Cette réflexion qui n'est pas de moi, mais qu'une femme distinguée a placée dans un ouvrage remarquable par les sentimens religieux et moraux qui l'ont inspi-

[1] Cet ouvrage serait trop incomplet, on en connaîtrait trop mal l'auteur, si l'on n'y trouvait pas quelque idée de ses sentimens religieux qui se mêlaient à toutes ses opinions et tenaient tant de place dans sa vie. Aussi, quoique ce chapitre ne soit pas fini, et que toute la dernière partie ne se compose que de pensées détachées, je n'ai pas hésité à le publier. Ma mère y attachait une grande importance; elle l'a recommencé à diverses reprises, et ce n'est qu'après l'avoir déchiré plusieurs fois qu'elle s'était arrêtée au plan que je donne ici, et dont le commencement seul a été exécuté. Tel qu'il est, ce chapitre peut donner une idée de l'importance qu'elle mettait à la religion et de sa manière sérieuse et libre de la concevoir. Tout géné-

ré [1], frappe ma pensée au moment où je commence ce chapitre : en effet, quand tous les hommes trouvent au fond de leur âme une idée nécessaire de la Divinité, quand il se rencontre si peu d'instans dans la vie où ils n'éprouvent le besoin de la prendre à témoin de leurs sentimens ou de leurs actions, il arrive que par une circonspection timide, frivole ou dédaigneuse, ils évitent de s'épancher entre eux sur un sujet commun à tous, sur le plus grand intérêt de l'humanité. Particulièrement dans la société française, les personnes d'une même classe, je pourrais dire d'une même famille, se font mutuellement un mystère de leurs croyances. Jamais celles-ci ne deviennent l'objet de ces entretiens où chacun apporte une idée de plus pour s'éclairer, un sentiment nouveau pour se convaincre ; il semble que chacun pré-

ral qu'il est, on pourra facilement aussi entrevoir quel rôle elle destinait à la religion dans l'éducation, et comment dans l'application elle l'eût présentée à son élève. Il n'est pas difficile au reste de reconnaître à quelle doctrine religieuse sont puisés les principes de ce chapitre. C'est encore une considération qui m'a déterminé à le publier. Nous sommes dans un temps où la religion doit citer Port-Royal.

[1] *Notice sur le caractère et les écrits de madame de Staël*, par madame Necker de Saussure.

tende exploiter Dieu à son profit, et croie perdre quelque chose de ce qu'il attend de sa bonté, en communiquant aux autres sa manière de l'aimer, de le comprendre et de le prier.

Cette circonspection, cet isolement des individus dans la même communion, peut avoir ses avantages pour ce qu'on appelle la sociabilité : cela facilite les rapports des gens du monde qui si souvent mettent au premier rang des obligations humaines la politesse des actions et l'indifférence des sentimens. Mais à bien y regarder, une telle disposition procède souvent d'un orgueilleux égoïsme assez mal déguisé. De plus elle contrarie le but de la morale chrétienne, qui invite les hommes à l'association par le lien d'une même espérance, et, chez les catholiques au moins, d'une foi pareille. Peut-être en effet n'aurions-nous pas bien bon air à nous vanter aujourd'hui de notre unité, lorsque nous n'osons, ni ne voulons nous assurer de notre union. Rien ne prouve que notre accord soit autre chose que du silence. Rien ne nous autorise à confondre notre mutuelle complaisance avec la réserve et la soumission que la religion commande. « Les catholiques, dit Bossuet [1],

[1] *Avertissement de la conférence avec M. Claude.*

» négligent trop les livres de controverse. » Appuyés sur la foi de l'Église, ils ne sont » pas assez soigneux de s'instruire dans les ou- » vrages où leur foi serait confirmée, et où ils » trouveraient les moyens de ramener les er- » rans. On n'en usait pas ainsi dans les pre- » miers siècles de l'Église. Les traités de con- » troverse que faisaient les pères étaient re- » cherchés par tous les fidèles. Comme la » conversation est un des moyens que le Saint- » Esprit nous propose pour attirer les infidèles » et ramener les errans, chacun travaillait à » rendre la sienne fructueuse et édifiante par » cette lecture. La vérité s'insinuait par un » moyen si doux, et la conversation attirait » ceux qu'une dispute méditée n'aurait peut- » être fait qu'aigrir. »

Ce silence sur nos sentimens religieux tient beaucoup à l'ignorance où nous vivons généralement de notre religion. Cette ignorance étrange s'est érigée en principe, même en article de foi, chez une infinité de croyans, et spécialement chez les femmes. C'est un préjugé presque rationnellement établi que l'instruction est le plus sûr moyen d'ébranler la créance, et les hommes en sont venus à répondre à celui qui leur a dit, « Je suis la lumière : » — Nous ne pouvons croire en vous qu'en demeurant dans les ténèbres. Certes un pareil langage est déjà la marque d'une bien faible confiance, et j'avoue que je comprends mal une foi si peu assurée d'elle-même qu'elle redoute le grand jour. De toutes les alliances de mots consacrées par l'habitude plus fréquente qu'on ne croit de ne point attacher d'idées aux paroles qu'on profère, une des plus singulières est, à mon avis, dans cette expression, *une foi aveugle*. J'entends bien que l'humilité de notre intelligence s'abîme devant les obscurités mystérieuses de notre religion, que notre orgueil y trouve un terme et un remède; mais en conclure qu'il faut ignorer les motifs qui rendent ces mystères préférables pour la raison aux recherches du doute; mais en inférer qu'il ne faut pas s'enquérir des traditions qui nous les ont transmis, et qu'on ne doit pas même s'éclairer sur le fondement et le sens de dogmes augustes pour lesquels, s'il y a lieu, l'on devrait trouver en soi la force du martyre; mais s'interdire l'application des principes du christianisme à l'esprit de l'homme, pratiquer son culte sans intelligence, sans lecture, sans méditation, c'est vraiment renier son âme, éteindre la lumière intérieure, se défier de Dieu, de sa parole et de la Grâce; c'est douter, en protestant que l'on croit [1].

Je n'ignore pas que les déplorables progrès de l'incrédulité et du scepticisme, si souvent intolérans dans leur incertitude, ont long-temps obtenu le funeste avantage de pouvoir hautement dédaigner ou même insulter la confiance chrétienne, souvent trop silencieuse et trop timide. Les railleries dédaigneuses d'une portion hautaine de la société, cette moquerie desséchante qui devient une arme si forte dans la main des faibles même, et la seule contre laquelle les Français aient peine à trouver du courage, ont peu à peu comprimé des épanchemens qui seraient si naturels et si utiles. Mais les temps tyranniques sont passés pour tout; on laisse enfin à chacun aujourd'hui la liberté de sa conscience, et ceux qui pensent avec raison avoir repris le droit de se montrer chrétiens, ne doivent rien négliger pour l'être en effet.

Comment croire que jamais la réflexion puisse nuire à la vérité? Si donc une âme pieuse est convaincue de la nécessité de savoir

[1] Voyez, sur la nécessité d'étudier la religion, l'excellent discours que Mesenguy a mis en tête de son *Exposition de la doctrine chrétienne.*

pourquoi elle l'est, si elle met de la bonne foi dans son examen, si elle l'accompagne de fréquentes prières, si en s'éclairant elle demeure pénétrée de sa faiblesse, elle trouvera dans ses méditations saintes de nombreuses occasions de communication avec son auteur, d'amour pour la morale, d'intelligence pour la justice, d'union avec ses semblables, de force dans la vie, d'espoir contre la mort.

Nous avons vu que l'ignorance était d'ailleurs une mauvaise défense contre les attaques du faux savoir. Ne craignons point d'en convenir, il est difficile d'intéresser l'homme à ce qu'il sait mal, à ce qu'il s'est interdit de comprendre. Nous voyons que saint Paul pour fortifier la foi des nouveaux chrétiens, les presse de s'instruire sans relâche, et même d'aiguiser leur esprit : les préceptes qui éveillèrent la foi des premiers fidèles doivent sans doute être plus propres encore à ranimer la tiédeur où tombent les sociétés vieillies, lorsqu'après avoir échangé les croyances raisonnées de leur intelligence contre des pratiques de routine, elles ont passé d'une foi sans idées à une soumission sans foi.

Il est reconnu que les protestans ont généralement sur nous l'avantage de la science, et en effet ils sont plus religieux. On dira que déterminés, par l'état de séparation où ils se sont placés, à repousser une partie des dogmes de l'église, ils ont dû mettre plus de soin à connaître comment ils pouvaient demeurer chrétiens en cessant d'être catholiques. Mais nous qui nous enorgueillissons si justement de tenir à cette unité précieuse que Jésus-Christ a lui-même assignée pour premier caractère à la société qu'il a fondée, pouvons-nous, tout en demeurant catholiques, nous assurer d'être chrétiens, et savons-nous seulement à quelles conditions s'obtient un si beau titre? Qui pourrait dire combien notre accord tout extérieur cache d'hérésies individuelles?. . . . .

. . . .

On écrit aujourd'hui des livres sur l'hérésie des protestans, et ces livres peuvent avoir une grande utilité pour les combattre, les avertir ou les rappeler à la vérité; mais il faudrait aussi songer un peu à ce que nous sommes; et tout en adressant aux Anglais ou aux Allemands des démonstrations qui doivent les convaincre d'erreur, on devrait en même temps réveiller en France les principes du christianisme, à vrai dire si peu répandus.

Le peuple ignore complétement sa religion

et on lui parle toujours comme s'il la savait. Mauvaise manière d'instruire le pauvre; on emploie surtout la peur, ce n'est pas lui qu'on devrait effrayer. Cela est commode pour les heureux de remplir d'effroi l'esprit de ceux qui souffrent. On n'apprend aux malheureux la religion que par la crainte; je voudrais bien savoir pour qui on garde l'espérance. Peut-être ne nous serait-elle qu'à peine permise, à nous autres heureux et riches.

Les sermons, les instructions sont effrayantes; ce qui trouble est toujours un mauvais moyen. Consolations à offrir, autre vie; langage à tenir au pauvre : ce que fut réellement Jésus-Christ, pauvre, obscur; et contre qui il se montra.

Ces principes forceraient les heureux à plus de morale et de charité. Sans doute ils n'auraient le repos que s'ils étaient justes : mais quel grand mal?

La première vertu du pauvre, c'est la résignation; il y arrivera par l'espérance, et celle-ci le mènera à la foi. La première vertu du riche, c'est la justice; elle se compose du sentiment de l'égalité morale et du devoir qui en résulte; et trouvant dans l'Évangile les plus purs principes de l'ordre véritable, il sera conduit par une raison plus éclairée à cette même foi qui lui révèle et la connaissance de la vie temporelle et celle de la vie céleste.

Qu'on ramène tout le peuple aux croyances nécessaires par ces différentes routes qu'ouvre une même morale, on réussira. On nous parle beaucoup de l'autorité en fait de religion, mais pour que cette autorité soit reconnue, il faut qu'elle se démontre; on aura beau la faire sonner bien haut, si l'on nous défend l'exercice de notre raisonnement, on pourra bien *crier dans le désert.* Il faut en effet avant tout être compris, et mettre ceux qui écoutent en bonne volonté de comprendre. C'est donc un mauvais moyen que de dire aux hommes : « Vous vous abusez tous individuellement, il n'y a de vrai que ce que vous dit le pouvoir. » Dites plutôt, « Il n'y a de vrai que le vrai; » et faites comprendre le vrai, selon les circonstances et les dispositions de chacun. Dieu lui-même n'a-t-il pas varié les formes de sa prédication? A-t-il employé le même langage avec tous les hommes? Sévère pour les uns, indulgent pour les autres, sa parfaite justice ne s'est-elle pas montrée constamment individuelle?

Le langage de l'église doit imiter celui de Dieu; comparaison de l'Ancien et du Nouveau

Testament; diversité de langage, citations; dangers de la routine même en religion; variétés de saint Paul..

La morale est aujourd'hui ce qui peut le plus sûrement ramener au dogme. Les missionnaires parlaient vertu aux sauvages; la corruption crée un autre genre de barbarie: on ramènera à la vérité par la vertu. L'habitude du bien ôte en effet cette dureté qui inspire l'incrédulité, à laquelle d'ailleurs la frivolité conduit aussi.

Le siècle porte au besoin d'examiner; vous le combattriez en vain; c'est du besoin d'examiner que vous devez faire sortir le besoin de croire. . . . .

. . . .

FIN.

TABLE DES CHAPITRES

CONTENUS DANS CE VOLUME.

Pages.

FIN DE LA TABLE.

www.ingramcontent.com/pod-product-compliance
Lightning Source LLC
Chambersburg PA
CBHW070740270326
41927CB00010B/2048